认知天性

和你的大脑一起学习

崔阳/编著

图书在版编目（CIP）数据

认知天性：和你的大脑一起学习／崔阳编著. --

长春：吉林文史出版社, 2021.9

ISBN 978-7-5472-7925-0

Ⅰ.①认… Ⅱ.①崔… Ⅲ.①学习心理学－通俗读物

Ⅳ.①G442-49

中国版本图书馆CIP数据核字(2021)第146807号

认知天性——和你的大脑一起学习

RENZHI TIANXING HE NIDE DANAO YIQI XUEXI

出 版 人　张　强
编　　著　崔　阳
责任编辑　王俊勇
封面设计　李　荣
出版发行　吉林文史出版社有限责任公司
地　　址　长春市净月区福祉大路5788号出版大厦
印　　刷　天津海德伟业印务有限公司
开　　本　670mm×960mm　　1/16
印　　张　14
字　　数　168千
版　　次　2021年9月第1版
印　　次　2021年9月第1次印刷
书　　号　ISBN 978-7-5472-7925-0
定　　价　48.00元

前 言

"书山有路勤为径，学海无涯苦作舟。"这是每个小学生都知道的古训，也是让很多成年人都倍感困惑的古训。所谓青春作赋，皓首穷经，很多人学到白头，也不知其所以然。太多的反面教材，由不得人们不思考：为什么同样的付出，得不到同样的结果？

其实，学习离不开勤奋，必须下苦功不假，但这只是其一，而不是全部。严谨地说，这句话应该改成："书山有路，方法为径；学海无涯，认知为舟。"

"方法"无须多言，很多老师和学生，或多或少都有些学习方法。那么，"认知"是什么？用学术化的语言表述，认知是指通过心理活动（如形成概念、知觉、判断或想象）获取知识。说简单点，认知就是认识与感知，以及通过认识与感知获得知识与经验的过程。

当我们谈到"认知"时，其实是在谈论一个很复杂的问题。因为认知直接与意识、思维和知觉相关联，反映于脑，作用于心，同时认知又与情感、意志相组合，推动感觉、知觉、记忆、想象、思维与行为，极其复杂也极其微妙，以至于我们讲了这么多，但不举个实例的话，大家依然很难理解什么叫"认知"。

人和人之间最大的差别是认知，认知也是人和人之间唯一的本质差别。很多时候，我们夜以继日、寒窗苦读，学到的都是些技能型知识，而技能的差别是可量化的，技能无论如何累加，也就是熟练工种。认知则不同，其差别是本质的，是不可量化的。

举例来说，在很多寓言中，蚂蚁都是勤奋的代表，每天排着长队，忙忙碌碌，也有一些惊人的能力，比如能预知天气变化，并在大雨来临前把蚁穴搬到高处。但是，一个顽童撒泡尿，都能使之陷入泽国。

史怀泽在《敬畏生命》一文中也描绘过类似的场景："自然不懂得敬畏生命。它以最有意义的方式产生无数生命，又以毫无意义的方式毁灭它们……生命以其他生命为代价才得以生存下来。自然让生命去干最可怕最残忍的事情。自然通过本能引导昆虫，让它们用毒刺在其他昆虫上扎洞，然后产卵于其中；那些由卵发育而成的昆虫靠毛虫过活，这些毛虫则应被折磨至死。为了杀死可怜的小生命，自然引导蚂蚁成群结队地去攻击它们。看一看蜘蛛吧！自然教给它的手艺多么残酷……你踏上林中小路，阳光透过树梢照进路面，鸟儿在歌唱，许多昆虫欢乐地嗡嗡叫。但是，你对此无能为力的是：你的路意味着死亡。被你踩着的蚂蚁在那里挣扎，甲虫在艰难地爬行，而蠕虫则蜷缩起来……"

童话大王郑渊洁也有一个相关的经典桥段。一天，老师告诉他："早起的鸟儿有虫吃！"郑渊洁紧跟着来了一句："早起的虫儿被鸟吃！"

虫儿也罢，鸟儿也罢，它们都在按照其本能生活。人类虽说是万物之灵，很多时候也受着基因里的本能影响。

以学习为例，就算是最棒的学霸，也依然要与自己的惰性对抗。至于普通人，家长不要埋怨孩子，孩子也不用埋怨家长，都曾经拖拉过，都喜欢偷懒，写作业都慢，玩游戏都永远玩不够。因为我们的大脑天生喜欢如此。它不是要偷懒，而是想节约能量。

大脑是最为复杂的人体器官，并且是所有神经系统的中枢。当大脑全速运转的时候，它既要处理语数外、史地生，还要保持身体平衡，控制呼吸和心跳，并且兼顾视觉、听觉与感觉。这么多事情都要它做，它不学着偷点儿懒，还不得累坏吗？

如果把人体比喻为一台汽车，那么大脑的耗油量极大。成年人的大脑重约 1.4 千克，相当于成人体重的 2%。但从能耗方面看，大脑竟消耗了人体一日所需能量的 20%，并不成正比。除了大脑之外，其他的人体器官乃至整个系统，均无须消耗如此多的能量。正因为如此，大脑不得不遵循"一切尽量节能"的本能，尽量按部就班地半自动化运行，讨厌改变与学习。

大脑总是会有选择地先去做那些它认为当下最重要的事情，除了呼吸、心跳等性命攸关的大事之外，排在前面的还包括饮食、消化、排泄、睡眠等。举例来说，如果你现在饿了，甚至饿得发慌，那么你的大脑会不断劝你放下手头工作，不遗余力地提醒你："你太饿了，你抓紧时间吃饭吧！你不吃，也要为你的大脑想想啊！"起初，它可能还会提醒你："最近有点儿累，吃点儿好的吧，犒劳一下自己！"但随着时间的延长，它又会告诉你："都快饿昏了，就别挑食了，是吃的就行，先吃饱再说！"

好不容易有吃的了，你还一边吃一边想：一会儿可得赶紧把剩下的功课做完，不然对不起这顿饭。可刚刚吃完，你马上睡意袭来，勉强学习意义已经不大，这是因为你的大脑又在暗中为你安排好了，让你赶紧休息一下，恢复精力以后再学。

睡醒了之后，总该安排学习了吧？不，相对来说，学习对大脑来说其实是最不重要的事情，所以大脑对它的策略是能绕就绕，能躲就躲，能拖就拖。反正不学习也不会马上饿死，更不会困死，学习了也不会马上吃得更好、睡得更香……这就是大脑的想法，也是很多不爱学习的人的真实内心写照。

如果不必动脑就能吃上饭，或者吃得很好，那么人们就宁愿不动脑，这也是社会大众的真实写照。但是一旦意识到问题的严重性，尤其是关乎吃饭等根本问题了，那么人的紧迫感与学习积极性便随之而来。没办法，不学习连饭都吃不上了，能不学习吗？但想求得不错的学习效果，就必须顺应大脑的学习机制，也就是我们的认知天性。大脑固然天生爱偷懒，但还存在着其他天性，比如对有趣味的东西没有抵抗力。只要有足够的兴趣，它就有足够的动力。只要驱动力足够大，大脑照样会欲罢不能。

戴尔·卡耐基讲过一个很有意思的小故事：

一天晚上，艾莉丝小姐回到家里时，已经是筋疲力尽。头痛、背痛，累得她连饭都懒得吃，只想上床睡觉。在母亲的再三劝告下，她才勉强坐到桌前。突然，电话铃响了，是她的男朋友打来的，他约她出去跳舞。艾莉丝的眼中顿时放射出光芒，精神瞬间振奋起来。她飞快地冲上楼，换上心爱的天蓝色衣裙，一阵风似的冲出了家门。午夜时分，按说应该累上加累的艾莉丝小姐回来后，非但不再感到疲倦，反而兴奋得睡不着觉了。

背后的原因是什么呢？是因为谈恋爱符合人类的天性，并且写在了基因里，而学习这种东西还远远不是人类的天性。尤其是各种现代科学，就连我们瞩目的各种大学，其诞生也不过几百年的事，而人类到现在已经走过了几百万年的历程……

看到这里，相信你对学习的固有认知已经被颠覆了。但是正文里还有更多精彩内容、精彩故事与精彩认知等待着你，前言远不是终点，带着一颗探索的心，一口气把这本书读完吧！你一定会遇到一个全新的自己！

目 录

第五章　是什么在影响你的学习

第六章　自我学习与自我教育

第 七 章 做一个终身学习者

第一章

认清学习的本来面目

知识也好，力量也罢，或者叫能力、素养都行，它们是人间一切痛苦与无奈的解药。反过来说，一个人之所以痛苦或无奈，往往也是因为他遇到的问题超出了他解决问题的能力。所以人们很早就形成了共识：要尽可能地学习，培养各种能力，只有这样才能学以致用，而不是"书到用时方恨少"。

1. 学习是一切痛苦的解药

不知从何时起，攀登珠峰成了一种时尚。毫无疑问，珠峰在世界上是独一无二的，其危险性也是独一无二的。数据显示，自 2000 年以来，平均每年有 6.9 名登山者殒命珠峰，其中绝大多数事故发生在尼泊尔一侧的珠峰南坡。之所以如此，一是因为珠峰北侧的中国西藏"登协"在登山管理方面做了大量努力，配备了专业的高山救援队，救援力量在大本营随时待命；二是因为从北坡攀登珠峰的门槛较高，攀登者必须出具曾经登顶 8000 米以上山峰的证明，且要满足一系列体检指标等，才可以通过申请。

攀登珠峰不比寻常的登山，面对的是高山缺氧、强风低温、陡峭地形以及各种困难和危险，需要很多专业知识、特殊技能、超强体能、丰富经验与强大内心，不具备的话，等于是拿自己的生命开玩笑。反过来说，其中任何一项专业素养，比如冰镐的使用、绳结的绑法、迷路时如何应对等，都有可能在关键时刻挽救自己的性命。

普通人可能终生也不会去爬一次珠峰，但总要攀登属于自己的人生巅峰，这同样离不开必要的知识与技能。俗话说，"艺不压身"，其实技艺也是我们安身立命的资本，通常来说，技艺都是越多越好、越纯熟越好。

培根也说过："知识就是力量"，拥有足够多的知识，就好像身边有相应的保镖或助手，随时待命，让我们更快、更好、更安全地抵达我们想要去到的地方。

有人会质疑：我也有不少知识，为什么没有相应的力量？一是数量的问题，所谓量变引起质变，偶尔学习是不足以改变人生的；二是关于学习的误解，最大的误解就是缺啥补啥，也就是只关注一些具体技能，但其实交叉学习才是最有用的，未来社会需要的以及可以获得持久成功的，都是复合型人才。

有人会说什么"知识无用论"，特别是一些理论性的知识，认为它们聊胜于无，知道即可。其实不然，知识本身的创造与获得已很难得，具体应用则是另一回事。比如杨振宁先生，最初他希望选择实验物理，但实验物理需要动手做实验，而他所擅长的理论物理只需要动脑。结果就连他的博士导师阿里森都会调侃他，说实验室"哪里有爆炸，哪里就有杨振宁"。综合考量之下，杨振宁转入了理论物理研究，并获得了诺贝尔奖，被认为是继爱因斯坦和费米之后，第三位具有全面的知识和才能的物理学全才。

知识也好，力量也罢，或者叫能力、素养都行，它们是人间一切痛苦与无奈的解药。反过来说，一个人之所以痛苦或无奈，往往也是因为他遇到的问题超出了他解决问题的能力。所以人们很早就形成了共识：要尽可能地学习，培养各种能力，只有这样才能学以致用，而不是"书到用时方恨少"。

也有不少人，把苏东坡的名句"人生识字忧患始，姓名粗记可以休"拉来做挡箭牌，其实这句诗源于一个典故：秦末，项羽随叔父项梁读书，不几日便弃文学武，因为"读书不过记记姓名而已"，但改学剑术没几天，项羽再次表示"学剑不过一人敌"，用处不大，遂改学"万人敌"，也就是兵法。项羽的兵法学得怎么样呢？显然不怎么样，除了拼命，还是拼命。他有没有忧患过呢？当他被围垓下，听着四面楚歌，看着虞姬伏剑当场时，想必也是忧患的。

因此，"人生识字忧患始"是个伪命题，在正常情况下，读书与学习对大多数人来说，非但不是忧患始，还是幸福始、成功始、快乐始。在关键时刻，甚至会成为一个人的保命符。

举一个古代的例子，出自明代大文学家冯梦龙的《智囊补》：

明朝嘉靖年间，倭寇作乱江南，沿海有位姓夏的书生有一次被倭寇抓住，倭寇首领审问他："你会干些什么？"夏生说："会作诗。"巧得很，这个日本浪人听说他会作诗，居然很高兴，非但没杀夏生，还让他跟在自己身边，每天作诗唱和。就这样，夏生捡了一条命。过了一段时间，夏生与倭寇的相处时间长了，便向对方婉转提出回家的要求，倭寇不但答应了他，还送了他许多财物。夏生回乡后对人们说，那个倭寇也会作诗，并且不乏"五尺阑干遮不尽，还留一半与人看"之类的佳句。

无独有偶，在犹太民族中也流传着一个类似的故事：

从前有一个富翁，他的儿子对学习毫无兴趣。最后，富翁放弃了所有努力，只教他读一本书——《创世纪》。后来，侵略者攻打他们居住的城市时，俘虏了这个男孩，并把他囚禁在一个监狱里。几年过去了，国王来到监狱视察，并且要看一看监狱中的藏书。结果非常不尽人意，里面只有一本书，那就是从男孩身上收缴来的《创世纪》。

"这是犹太人的书！"国王说："这里有人会读这种书吗？""有！"典狱官答道："我这就把他带来。"男孩被典狱官从监狱里提出来，并被告知：如果你不能读这本书，国王就会把你的脑袋砍掉。男孩说："我能读，尽管我只能读这本书。"

见到国王，男孩打开书，大声朗读起来。国王听完后说："把这个孩子送回到他父亲身边吧！你们这些不读书的人是没资格看管他的！你看得住他的肉体，看不住他的灵魂！"

……

这个故事在犹太民族中流传了很久。它教给犹太人这样的道理：虽然这孩子的父亲只教会他读一本书，但赐福的上帝就会奖赏他了。那么，如果一个父亲能不辞辛苦地教他的孩子读会更多书，那么他该得到多么大的赐福呀！

读书自有妙用！绝不仅限于颜如玉与黄金屋。

类似的例子在历史上有很多。我们看历史，尤其是看与战争有关的历史时，往往产生这样的感触：宁做太平犬，不做离乱人，同时我们也不难看到这样的情境，那就是同样是人，虽逢乱世，有的人却因为有知识、有才学、有本事，不仅不必像普通人那样动辄被逃难、被拉夫、被炮灰等，还能成为各大割据势力争相礼聘、争取的对象，或者平定一方、或者匡扶社稷，赢得生前身后名，比如诸葛亮。

知识与能力未必总能为我们保驾护航，有时还招人妒、讨人嫌，但实践证明，同样的条件下，会游泳的人绝对比不会游泳的人生存几率高。那么，如何增长知识呢？

我们不妨就"知"这个字本身来解读一番：

从字形上看，"知"字左边是个"矢"字，在古代指箭。右边是一个"口"字，但不能把它视为嘴巴，它实际上指的是靶子。左边一支箭，右边一个靶子，合起来就是"知"，说白了，想获得真正的知识并不容易，做不到百步穿杨，起码也不能脱靶。不仅要有目标（靶心），还要掌握很多要领（方法），更要有臂力（体能），天长日久，不断练习，才能有所斩获。

"知"往往与"识"组合在一起，说明光知道还不行，还得去认识，要知其然并且知其所以然，要理解它并能够举一反三，并且在实践中不断检验并修正它，这才是真知、真理。

"智慧"的"智"字，也有很明显的指示，上面是个"知"字，代表知识，下面是个"日"字，意思是说知识要日积月累，才能量变引发质变，转化为智慧与生产力。

有些人迷信智商，其实除了极少数人确实智商稍高外，智商本质上是个伪命题。大部分人的智商是不太高也不太低的，也没有听说过任何人的智商已经高到了不需要学习的程度。既然还是要学习，那么智商稍高或稍低些，又有多大影响呢？

2. 不费力气的学习不值一提

有一天，古希腊哲学家苏格拉底去海边游泳，一个青年走过来问他："怎么才能获得知识？"苏格拉底让这个青年下到海里，然后趁他不注意，一下子把他的头摁进水里，年轻人本能地挣扎出水面，没想到苏格拉底又一次把他摁进水中，而且这次用的力气更大，年轻人拼命挣扎，才将头探出水面。

这时，苏格拉底问他："你在水里时最大的愿望是什么？"

"空气！当然是呼吸新鲜空气！"青年回答。

"对！"苏格拉底说，"学习知识必须要有强烈的求知欲，就像你刚才强烈的求生欲望一样。如果使上这股劲儿，还怕不能获得知识？"

上面这个故事未必属实，但道理是不错的。时下，总有人一边贩卖着焦虑，一边打出各种关于轻松学习的广告，比如"让你毫不费力学英语""让你毫不费力学写作""毫不费力做自媒体""毫不费力做网红"等。实践证明，广告就是广告，玩的就是让你心动，除了付费环节毫不费力，真正的学习过程必然费心又费力。否则，只能说明你学的是浅层次的东西，商家不过是把浅层次的东西卖了个高价。

真正的知识，很少有不枯燥的。或许领你入门的人能善用机巧，把一些环节设计得夺目吸睛，引人入胜，但过了这个阶段，必然是耗费心血的深层次学习。所谓"师父领进门，修行在个人"，说的正是这个道理。

而不花力气的学习，听上去很妙，看上去也很美，实则如同在沙滩上写字，潮水一来，便冲刷得干干净净。我们现在有很多高学历的人就是这样，他们善于应对各种考试，能够通过考前"填鸭"等魔鬼训练，把自己的成绩保持在一个相对高位。但这种方法总的来说还是为了应付，并不代表他们真的掌握了知识，更谈不上精通，当然也就谈不上内化为自己的能力，学以致用，并在实践中检验、修正了。

学习必然要花费力气，有些方法短期之内可能收效颇丰，但长期来看，其实是在走弯路。本来想省些力气，到头来却多花了力气，最重要的是还赔上了时间，实在是得不偿失。

我们再来看一个寓言：

秋天，蚂蚁们排着长长的队伍，忙碌地搬运着食物。一只小燕子看到了，赶紧飞过来问："你们在这里做什么呀？""贮藏食物准备过冬啊！"一只蚂蚁回答。"你们可真聪明啊！"小燕子敬佩地说："我也要这样做。"它立即动手，把一些死苍蝇、死蜘蛛往巢里衔。小燕子的母亲忍不住问："你弄这些东西做什么呢？"小燕子说："准备过冬呀！亲爱的妈妈，你也来搜集吧！是蚂蚁把这种方法教给我的。""噢，把这种小聪明让给那些蚂蚁吧！"老燕子说："适合于它们做的，并不适合于优秀的燕子。

仁慈的大自然给我们做了更好的安排。如果食物丰盛的夏天结束了，我们就从这里飞走。在旅行中我们会慢慢地休养生息，随后迎接我们的是温暖的沼泽，在那里我们一点儿也不缺乏食物，直到一个新的春天到来。"

这个故事强调的是学习不要机械模仿，不能浅尝辄止。否则，你只能学到表面上的知识，甚至会学到似是而非的假知识、伪道理，害了自己，还尚且不知。

有句话说得好：保持学习力，才能看起来毫不费力。就像戏水的鸭子，看上去安静从容，但在水底下，鸭子的两只脚在忙活个不停。或许正是因此，安徒生才会把他的童话主角设定为丑小鸭。很多人也是这样，展现给你的只是光鲜亮丽、潇洒从容的一面，比如旅游、吃大餐、打高尔夫、K 歌，私下里，人家跟自己死磕、拼命学习时，难道非要通知你一下吗？

有人会说，我也学习啊，而且我用在学习上的时间比他们还多，他们在旅游的时候我在看微信公众号、他们打高尔夫球的时候我在上知乎、他们 K 歌的时候我在听喜马拉雅……确实，你很努力，也在学习，但这充其量只能算伪学习，实质仅仅是浏览而已。就算你浏览的是世界上最珍贵、最高明的知识，又能如何？纸上得来终觉浅，更何况是浅浅的浏览。

据统计，目前每个手机用户每天刷朋友圈、刷微博、刷今日头条、刷抖音、刷 B 站及各种刷的时间，最少 2~3 个小时，一个月下来，就是上百小时，如果能用来系统地学习一些干货，肯定大有裨益。可事实却是，很多人不仅刷来刷去没刷到什么真知，连刷碗的时间都没了。

诚然，世界上存在着各种真实有效的学习方法，但它们充其量只能让我们走得更快些，少走些弯路，而不能代替学习本身。学习从本质上说，就是个"劳其筋骨，苦其心志"的过程。世界上总有这样一些人，在别人不用心的时候用心，在别人不用功的地方用功。苦与累，他们知道，时间也知道。所有的付出都会有回报，都会由时间为他们加冕。

讲一个古代的例子：

东晋时，有个人叫车胤，自幼聪颖好学，奈何家境贫寒，连晚上读书的灯油都买不起。但他很有办法，每到夏夜就捕捉萤火虫，放在囊中，用以照明，夜以继日地学习，最终通晓了很多知识，允文允武，位列朝臣。

这就是《三字经》中所说的"如囊萤"的故事，类似的故事还有"如映雪"的孙康、"如负薪"的朱买臣、"如挂角"的李密，"头悬梁"的孙敬、"锥刺股"的苏秦等，都是后人学习的千古榜样。

不过，单说车胤，他的故事还有个升级版本。话说他后来名气越来越大，好多人都效仿他，努力攻读，也取得了一些成效。其中有一位书生，名气最大。附近一些人就去拜访他，想讨教一些更具体的学习办法。谁知到了书生家，被告知白天的时候不要来，来了也见不到人，因为书生白天很忙——忙着到处捉萤火虫呢！这无疑是个冷笑话，放着白天的大好光阴不去读书，非要等到晚上凑着微弱的萤火虫的光芒去读书，实在是本末倒置。

有人进一步解读说，车胤、孙康等人这样做，是因为在他们的时代，还没有科举制度，像他们这种没背景的寒士想出人头地，只有靠名人推荐，而要想被人推荐，总得有点儿名声。借萤火虫之光或大雪之光读书，算是另辟蹊径，这些举动容易引起别人的注意。更有人看《三国》流泪，为古人担心，追问诸如"车胤在没有荧火虫的季节怎么夜读"等较真的问题，其实这些都不是重点，当你对这些问题问个不休的时候，你可能已经在为自己的不努力寻找借口了。就算他们都是浪得虚名也没关系，反正自欺欺人者比比皆是，你只需要牢记，不费力气的学习终究不值一提，不论是谁。

3. 真正的学习要脱离舒适区

所谓舒适区，是指心理学上的"舒适区"概念，指的是一个人会在安逸生活形成的"安乐窝"中感到舒适，并且缺乏危机感。而真正的学习，肯定会让人不舒服，而且往往源自于危机感。

试问：待在舒适区的人真的舒适吗？显然不是。如果做着一份压根儿就不可能赚到多少钱的工作，个人能力也不会随着时间的积淀有本质提升，更不会有任何新的机会，上下班路上就要用去四五个小时甚至更久，还要从早到晚甚至一生被各种制度管着，早请示，晚汇报，没事写个工作报告，其实是很消磨人的。这种生活不自由，也没什么希望，除了想象中的安稳，它一无是处，然而它却被叫作"舒适区"，实在是一种反讽。很多人想极力说服自己正处于"舒适区"，其实只是一种习惯性忍耐而已。

真正的学习肯定要脱离舒适区，因为只有越过了舒适区，你才会不习惯，才会恐惧、焦虑、不安，才会想要通过学习来重塑自己，适应或改变环境。我们的很多坏毛病，也出在舒适区上。我们觉得玩手机很舒服，就不想去看书；我们觉得窝在沙发上看视频很舒服，就不去健身；我们觉得拖延一下很舒服，就把该做的事一拖再拖。

人，最舒服的时候可能是胎儿时期。那时我们还在妈妈的肚子里，连着脐带，不会饿到和渴到，四周还充满温暖的羊水，不用担心冷与热，再加上妈妈刻意的保护，一切都特别安全、安静、舒适。当我们出生的那一刻，我们哭了，因为这个崭新的环境相比之前实在太恶劣了，空气是寒冷的、声音是嘈杂的、四周是空旷的，让人觉得很没有安全感。好在当我们饿了时，还有甘甜的乳汁；正当我们刚刚习惯母乳的时候，又要断奶了，于是我们再次哇哇大哭；刚适应新的食物，又要练习自己走路，习惯了妈妈的怀抱的我们倍感委屈，尤其是在摔倒时。刚刚学会走路、说话和吃饭，又被送进幼儿园。刚刚习惯了幼儿园，又要进入小学，然后是中学、大学、工作……

伴随着舒适区不断被打破，痛苦一个接着一个。然而，也正因如此，我们才得以不断地成长。人可以不成功，但不能不成长。

不从内心真正成长的人，活多大都是巨婴。而所谓巨婴，实质上不过是一些明明已经长大但始终不肯跳出儿时的舒适区的人。

同样，当我们长大后，如果觉得自己长时间很舒适，或许你已经停止了成长。这时候，就要勇敢地走出这个舒适区，去寻找更高级别的舒适区。

对沉溺于舒适区的人来说，现状是不是真的舒适并不重要，重要的是尽可能地保持现状，维持一种现状还算不错的感觉。为此，他们会自然而然地拖延、懒惰、逃避、保守，如此一来，他们的舒适区势必越变越小，慢慢地自己也会觉得迷茫、无助和自卑。但因为已经习惯了这种心理模式，若不是被逼上梁山，很多人都缺乏纵身一跳的勇气，最终如同温水里的青蛙，再也无法逃离。

很多人喜欢讨论命运，其实很多时候命运就是一种惯性，成功或者沉沦，就在一念之间。

命运的真相其实是自然选择，而自然选择是一只看不见的手，选择了生物的进化，也选择了人类的进化和民族的进化。只有具备符合自然选择的基因，才有可能生存并延续。而且时至今日，这个基因早已不仅仅限于我们的 DNA，更包括我们的认知水平和学习能力等。它展现在历史上，就是有些民族消失了、有些民族愈发强大；它呈现在生活中，就是起点完全相同的两个人，有的人能迅速脱颖而出、有的人却迟迟跳不出瓶颈。

有时候，我们喜欢舒适区，不过是基因作祟。当我们还处在原始社会时，"舒适"这个词的背后，还包含着减少能量消耗、安全等内涵。但在今天，如果依然机械地执行基因的命令，就会格格不入。

以读书为例，如果仅仅停留在舒适区，每天酒足饭饱之后，看看网络小说、鸡汤段子，或者只看那些一看就懂的知识，都不能算是学习，只能算消磨时间，甚至是逃避现实，不过是以读书为借口的假学习罢了。

其实学习的成本颇高，例如金钱成本、时间成本、注意力成本等，抛开金钱成本这个复杂的话题不谈，那些时间成本与注意力成本不太大的学习，通常来说产出也不会太高。那些一目十行地去读也不妨碍主要内容吸收的书，理论上跟韩剧没什么差别，少看一集多看一集，都不影响剧情，更不能从本质上影响一个人。

20 世纪中期，曾有人当面请教熊十力先生如何读书，先生批评说：太多的人"贪多求快，不务深探"，普通读者这样读读也就罢了，专业学者必须"沉潜往复，从容含玩"。很多当代大家也告诉年轻人，要尽量读一些自己读不太懂、读起来费脑筋的书。因为读书主要的目的是为了发展人，而不是迎合人、讨好人、愉悦人。要发展人就不能只读喜欢读的书、能读懂的书，而应该阅读一些自己不愿意读、不容易读懂的书，这样才能认清自己的不足，进而补足自己的短板，升华自己。这恰如一个人去看医生，医生肯定要咨询病人的病情病因等，但不能上来就问他："你想吃什么药？"我们在读书之前，也可以自问一下：我是要为提升自己而读书呢？还是只为愉悦一下？

4. 要有"必须优秀"的渴望

人人都想优秀，包括那些已经放弃了自己的人。

但是大部分人都只是希望自己优秀而已，至于优秀到什么程度，没个具体的标杆。也就是说，他们优秀的意愿并不是那么强烈，而且会随着实现的难度而调整。比如，当优秀需要他们付出相当的代价时，他们就会退而求其次，说什么"天下第二也挺好"，或者干脆放弃，并且认为自己放弃得很理智——这也是一种优秀！

优秀者之所以优秀，是因为他们一定要达到优秀的程度。普通人之所以不能优秀，是因为他们仅仅是想要优秀，但不是一定要实现优秀。这有点绕口令的感觉，也缺乏必然逻辑，但却被无数的精英反复地证明着。

学习，为的就是让优秀者更优秀，让平常者不平常，从整体上提升我们的水平。而优秀者之所以优秀，并不一定要看结果，那些在学习过程中乃至学习伊始就展现出积极进取的学习态度的人，本身就是一种优秀。

态度决定一切，尤其是学习知识。因为单纯的知识学习，很多时候并不需要结合实践，只需要记忆、理解即可。而好的学生恰如好的足球前锋，脑子里满是竞争意识，任何情况下都在想着起脚射门，睡觉都在摩拳擦掌、跃跃欲试。

什么叫梦想？说简单点就是做梦都在想。但很多人的理解恰恰相反，梦想就是现实无法实现的，只好做做梦。其实古人说得好，日有所思，夜有所梦。没有白天的心心念念，哪来梦中的萦绕缠绵。

古人也说，念念不忘，必有回响。做梦都在想着优秀的人，梦想一定不会亏待他。

有人可能会疑惑，"必须优秀"，会不会有点儿过了？其实这只是一种积极意识与心理暗示，你反复告诫一些人"必须优秀"，他都未必能优秀，更不必说"顺其自然"了。我们都听说过"取法乎上，仅得其中；取法乎中，仅得其下"的古训，我们的潜意识其实也在时时刻刻和我们的意志进行着一种博弈或对抗，你弱，它就影响或控制你；你强，它就服从并服务于你。

这触及意识的本质问题。从学术角度来看，意识首先是生物不断进化的产物，也是人脑的主要机能。一块石头是没有意识的，即使水滴把它滴穿、海潮把它淹没，它也不会感到悲哀、也不会有逃跑的想法。但是动物就会，而人类作为万物之灵，拥有比其他生物更为复杂的大脑与意识。学习的关键是什么？是激发学生或其他学习者的学习意愿，或者叫主观能动性，只有学生自己发自内心地想学习，他才有可能学有所成。不然，派一个加强连，架起所有的火力，也无法从内心深处真正影响他。他可能也学，并且学得很好，但那是迫于无奈，而不是出自真心。

美国一所大学的专项研究表明，人类所有的行为都是由 15 种基本的欲望或价值观驱动并决定的，分别是好奇心、食物、荣誉感、被排斥的恐惧、性、体育运动、秩序、独立、复仇、社交、家庭、声望、厌恶、公民权和力量。通过更进一步的分析，研究人员发现，不同的人对这 15 种基本欲望的要求是不一样的。拿性来说，它几乎对每个人来说都是愉悦的，但对每个人的驱动力有强有弱，有人可能终生沉溺其中，有的人却很超脱。其他欲望也是这样，有的人追逐成功，有的人淡泊名利，有的人是工作狂，有的人注重家庭与亲情。

当然，最为重要的就是排在第一位的"好奇心"，其实它本质上是人类的学习力。人类对学习的渴望是天生的，并且无法抗拒。只不过这里所说的学习是广义的，包括对外界的探索，对内在的思考等，都属于好奇心的范畴。它是如此重要，以至于排在"食物"之前，这或许是因为食物的获得，往往需要通过不断的学习与探索。而且我们知道，人们总是在学这学那，不学好的就学坏的，反正要把每天的精力用完。而激发学生建立"必须优秀"的渴望，本质上不过是通过心理暗示，将人类的学习天性与个体发展无缝对接，这个过程耗时越短，学生就能越早地走出被动学习状态，进行自动自发地学习。

以犹太民族为例，这是个非常值得我们学习的民族。或者说，这就是个"书的民族"。犹太人对书的崇拜，对知识的渴望和追求，已经不能用一般的求知好学来概括了。用他们的话来说，书就是他们一切智慧的根源，也是获取一切财富的根本。

他们对书达到了嗜书如命的地步，恰如他们对财富的热爱。从国家到个人，也影响了其他民族。举例来说，以色列每年都要在耶路撒冷举办国际图书博览会，这期间，世界各地的图书爱好者或商人都会前来洽谈、参观，选购者也基本上都能得到自己想要的书。每年，该国还会举办"希伯来图书周"，这是以色列人自己的图书节。不少犹太人很早就会准备出一部分钱，像盼望盛会一样等待图书节的来临。

犹太人的著名典籍《塔木德》这样记载："把书本当作你的好友，把书架当作你的庭院，你应该为书本的美丽而骄傲！采其果实，摘其花朵。"在每一个犹太家庭里都会有着世代相传的规定：书橱及学习用具只可放在床头，不可放在床尾。这样的规定就是告诫本民族的人：书是神圣的、不可侵犯的，不能对书本有所不敬。

据说在古时候，如果一个犹太人在旅途中，发现了他们未曾见过的书，那么这个犹太人一定会买下这本书，带回去与家乡人共同分享。因为他们认为外来的书籍和知识是别人智慧的结晶，应充分地学习和利用，为自己的未来打下深厚的基础。基于此，这个在历史上备受凌辱的民族认为，人们之间可以有各种恩怨，然而知识却是没有界线的，它是属于全人类的，不能因为存在偏见而影响智慧和真理的存在及传播。因此，不论在什么情况下，都不能抛弃书本，放弃学习，并且要有强烈的求知欲。

犹太人还把读书与学习上升到了法律的高度。如 1736 年，为了保护书籍的传承性，拉脱维亚的犹太社区通过了一项法律。该法律规定：当有人借书时，如果书本的拥有者不把书本借给需要它的人，应罚款；如果有人去世了，要在棺材里放几本他生前喜欢的书，让书伴随他死去的躯体，宽慰他的灵魂。

5. 先尝试自己解决问题

大概 20 年前，我在一家电脑培训机构学习五笔字型输入法。

有一天练习时，有一个字怎么也打不出来了，恰好老师要出门，我赶紧说："老师，先别走，先告诉我这个字怎么打！"老师不答反问："假设我现在已经出了门，你怎么办？"我茫然无解。老师笑着说："很简单，你可以先用拼音输入法打出来嘛！谁告诉你学了五笔就不能再用拼音了？能自己解决的问题就不要问老师，下次先尝试自己解决问题，实在解决不了再来问老师。这不是老师偷懒，而是为了培养你的自学精神与自己解决问题的能力。"

如今，20多年过去了，我的五笔输入法已经很精通了，可是仍然会有一些字打不出来，还有一些字拼音也不会打，因为根本不知道它念什么。但是由于具备了解决问题的能力，这些都顺利解决了。

父母也好，学校也好，首先要教授给孩子的，就是这种独立思考、独立分析和解决问题的能力，要学会授之以渔，而不是授之以鱼。当然，最好是既能打鱼，又能煎鱼，还能在煎鱼的实践中悟出些"治大国若烹小鲜"的真理。如此，才谈得上综合素质。

《管子·权修》曰："一年之计，莫如树谷；十年之计，莫如树木；终身之计，莫如树人。"教育的任务就是树人，但不得不说，很多家长与学校联手把孩子树立成了几乎生活不能自理的孩子，倒杯开水这样的小事都不能轻松驾驭，拧个瓶盖儿都必须劳驾他人。说实话，这不叫树人，这叫坑人。

美国心理学家的一项研究成果也显示，一个人能否成功解决问题，主要取决于他的经历，与他是否聪慧关系不大。因此，当学生遇到问题时，老师要积极引导，具体启发，给予鼓励，让学生勇敢面对问题，尽量自己想办法解决问题，从而在培养他们自我解决问题能力的同时，也培养了他们的独立思考、敢于挑战、不怕失败的强大内心，这其实是每个人成长过程中不可或缺的一课。老师与父母一定要牢记，凡事不能包办，不能"越俎代疱"，要想办法调动学生，不给他们偷懒的机会和依赖老师的可能性。不然，就像我们生活中常见的一个怪现象，勤快的妈妈往往养一个懒丫头，其实逻辑上一点儿也不奇怪，妈妈或者老师都包办了，孩子自然懒得思考，懒得动手了。

我们来看一个经典案例：

大容山连绵数十里，山上林木茂盛，景观丰富。那天我和女儿被美丽的景色吸引着，不知不觉就进入了一片"无人区"。因为那片林区还没正式对外开放，鲜有人踏足。当我们意识到进入了"无人区"的时候，已经迷路了。费了很大的工夫，还是没有找到出口。

"爸爸，我们怎么办呢？"女儿看着我，焦急地跺着脚。

我掏出手机，想向景区求救。"快打电话叫人来。"女儿也在一旁催促道。可是打开手机一看，一点儿信号也没有，这里不仅是无人区，还是信号的盲点。

"没有信号。"我把手机递到女儿的面前，说。

"这个鬼地方，怎么就没有信号呢？"女儿嘟哝着，说，"我们只有呼救了。"我点了点头，便和女儿向着大山的深处呼喊起来。可我们的声音就像被那些密不透风的林木、青翠的藤蔓和鲜艳的花草吸收了一样，任凭我们怎样叫喊，也听不到人们的回应，甚至连一声浅浅的山谷回应声也没有。

我和女儿一筹莫展地站在一片草地上团团转。女儿看着我，问："爸，我们怎样才能走得出去？"

我看了看周围参天的大树，和被我们踩得东歪西倒的野草，说："我也不知道哪儿才是出路，让我们想想办法吧。"

女儿点了点头，先前的急躁已经没有了。也许她已想明白，面对困境，焦急没有任何的作用，只有想办法破解难题才是唯一的出路。这一冷静下来，女儿还真想出几个走出困境之法，但兜来兜去，我们还是回到了原地。

"怎么会这样呢？"女儿看着渐渐西沉的太阳，问道。还没容我回答，女儿突然拉起我，向另一个方向走去。"我们刚才为什么走不出去，是我们没有方向感。"女儿一边拉着我，一边说道，"我们来时是顺着太阳晒的方向来的，现在只要我们背着太阳下山的方向走，就一定能走出无人区。"

果然，用不了多大工夫，我们就脱困了，但由于耽误了不少时间，那一晚，我们只得在山上的旅馆里住上一夜。

在旅馆里住下，当我通过电话向妻子汇报经过的时候，妻子不住地埋怨我，说你这个当爸的真是什么都不知道。听了妻子的揶揄，我一笑而过。

时光流逝，女儿转眼已经大学毕业并工作，在单位里也干得有声有色。春节的时候，女儿回来了。一家人在一起一边闲聊，一边回忆起女儿小时候的快乐时光。女儿拿出了那本厚厚的相册翻看着，寻找那曾经的快乐。忽然，女儿大叫起来："爸——"

我和妻子不解地看着女儿。女儿把影集递过来，指着我初出来工作时的一张工作照说："爸，你以前在大容山景区工作过？"

我点了点头。女儿一下子像不认识我一样看着我，看得我脸上热热的。我说道："怎么啦？"

"原来大容山你熟悉啊！"女儿拉着我的手，说，"那次山上的迷路，你是知道怎么走出去的，可你就是不告诉我？！"

看着女儿，我扑哧地一笑。是啊，每个人的一生都会遇到很多"无人区"，如果每次都要让别人为你破解出山之路，那你何时才会长大呢？

这个故事，节选自著名作家韦延才的散文《爸爸不知道》，其实爸爸不是不知道，而是别有用心，目的就是为了让女儿自主地思考和探索生活的奥秘，获取成长的真谛。每个人的成长，都不可能一帆风顺，都会遇到这样那样的难题。能够解决自己的问题，你就是生活的强者。能够解决更多人的问题，你就是社会的中坚。

蔡崇信曾经说："阿里主要专注于解决社会问题，当这些问题解决了，财富自然而然就来了。"确实是这样，支付宝的问世，不仅解决了网上购物买方与卖方互不信任的问题，也顺带着解决了网上支付的问题。

而唐骏，之所以号称"打工皇帝"，就在于他确实能解决很多别人解决不了的问题，并且善于发现问题。他初到美国，就发现了一个问题，那就是中国留学生最讨厌三种人：律师、医生和汽车修理站老板。留学生通常买不起新车，二手车又总是容易出故障，将车送去修，老板一下子就叫人将你的车顶得很高，把所有的零部件拆下来，心情好让你付 200 美元，心情不好就 300 美元。你说不，他却已经将车都拆掉了。美国的药不贵，但拿到药很难。美国的医生很讨厌，知道你感冒了，哪怕你连病源都告诉他了，就让他开一下药，他还要从头到脚作一遍检查。本来是小小的感冒，这样一折腾就变成了重感冒，所以中国留学生随身带去美国最多的就是各种常用药。至于律师，更是人见人怕。他们和你一说话就要开始收费，什么事还没有做，就把钱拿去了。但美国偏偏需要法律咨询的事又特别多，所以还经常不得不咬牙上门给这些律师送钱去。基于此，唐骏花 100 美元注册了一家公司，名头大得不能再大——美国第一移民律师事务所，专为来美华人解决签证问题。为解决客户的问题，他打破美国行规，打广告说：不成功不收费，成功了再收费。开业 5 个月，效益就跑赢了洛杉矶地区所有同行。

总之，我们要有意识地锻炼自己，遇到问题先尝试自行解决，实在解决不了再去请教别人，并且要带着解决问题的意识去学习。毕竟，解决问题的能力也不是说有就有的，强大自己是解决问题的终极法门，而有意识地学习则是强大自己的必经之路。

提升自己解决问题的能力，首重框架思维。

所谓框架，就是对系统构成元素以及元素间有机联系的简化。比如，很多人不会造房子，但谁都知道房子有地基、四壁和屋顶，这就是房子这个系统的最粗的框架。有些人可能连地基也认识不清楚，会称其为地板、地面等，没关系，有了这个基本的框架，再慢慢研究，都能深入了解房子的系统。万事万物都有其系统，框架思维不仅能让我们迅速认识一个系统的构成要素，还能让我们认识到系统各构成要素之间的有机联系，这种联系就是规律。通过对规律的理解和把握，人类甚至可以认识到靠眼睛看不到、靠耳朵听不到的东西，比如引力波。爱因斯坦没上过太空，也没有如今各种先进的宇宙探测工具，但仅仅依据系统性的知识，在1915年就预言了"引力波"的存在，厉害吧？

如何具体应用呢？很简单，既然万事万物都有各式各样的系统，你只要运用框架思维来思考，就可以对相应的事物有更全面、更深入的理解。举例来说，你是某公司的 HR，使尽全身解数依然招不上人来，那么相关的影响不外乎以下几个：工资不够高、招聘方式有问题、公司的地理环境不好、线下招聘渠道没找对、线上招聘渠道没选好、公司社会口碑不好，市场劳动力供应不足、竞争对手工资更高等。有些问题是你可以解决的，比如招聘方式有问题；有些问题是需要老板解决的，比如工资不够高。你把自己该做的做好，把老板该做的事情上报，再招不上人来，可能你也是时候走人了。

6. 学习是为了遇见更好的自己

学习，说到底是为了遇见更好的自己。

多年前，有个年轻人很崇拜杨绛，他给杨绛写了一封长信，表达自己的仰慕之情兼倾诉人生困惑，杨绛给他回了信。信中除了寒暄和一些鼓励晚辈的句子之外，其实只写了一句话，诚恳而不客气："你的问题主要在于读书不多而想得太多。"

关于读书，杨绛是这样比喻的："读书好比'隐身'地串门，要参见钦佩的老师或拜谒有名的学者，不必事前打招呼求见，也不必怕搅扰主人，应翻开书面就闯进大门，翻过几页就登堂入室，而且可以经常去，时刻去，如果不得要领，还可以不辞而别，或另请高明，和它对质。"

读书也好，学习也罢，不是简单地为了拿文凭或者发财，更主要的是通过读书或学习成就自己，让自己成为一个有知识、有能力、有温度、有情趣、会思考的人。这样的人，文凭对他来说只是陪衬，财富与物质则是附属品。

学习能解决所有问题吗？不能，但它能开拓你的眼界，给你更好的视角，它也可以在不知不觉中从内到外地影响一个人，使其无限接近完美。

首先，学习使人聪慧。一个善于学习的人，总是和睿智、聪慧联系在一起。通过读书弥补了自己的短板，知道了别人犯过的错并避免重犯，清楚有些痛苦不必亲尝，还学会了观察、推理与判断，能够把握各种外部信息，合理运用各种资源。

更具体的，如培根所言："读史使人明智，读诗使人智慧，演算使人精密，哲理使人深刻，伦理学使人有修养，逻辑修辞使人善辩。"

其次，学习使人快乐。有人不明白，快乐，这与学习有何关系？很重要吗？其实快乐也是一种能力，快乐地学习总好过垂头丧气，快乐地生活总好过愁眉不展。反过来说，学习也是快乐的源动力，只有不断地学习与精进，才能产生由内而外的快乐和安宁。就算只是高谈阔论，学习所得的各种知识也是你的底牌和支撑，丰富的知识永远都是魅力的保证与加分项。

学习还能使人自信。一个经常学习新知识、新技能的人，一个不断充电、反复升级的人，他有坦然面对未来的底气，他站在人来人往的街头不会迷茫，在熙熙攘攘的名利场中不会困惑，在人世浮沉的赞美和批评中不会迷失自己。他会清醒地知道自己要干什么，他有足够的把握去应对生活，而不是听任命运的摆布。

学习也可以使人勇敢。无知者无畏是一种懵懂的冒险，更是一种不计后果的愚勇。真正的无畏是通过学习之后，洞悉世事的精明取舍，是知晓历史规律之后的坦然接受，是准确预知未来之后的运筹帷幄，是人生经历丰富后的大彻大悟，是决胜千里之外的果断英明。就像一个司机，时刻清楚自己的轮子在什么位置。不断学习的人无畏，是因为他知道根本没必要畏惧。

最后，学习使人不断完善自我。学海无涯，学无止境，爱学习的人总会精益求精，不断用知识开阔自己的心胸，心思会越来越细腻，感觉会越来越敏锐，眼神会越来越柔和，胸怀会越来越宽广，最终培养起一种来自道德深处的和善，利万物而不争，也不必争。

有这样一个小故事：

有人问一位老人："你总是在学习，通过学习，最终得到了什么？"老人答："并没有得到什么。"那人疑惑地问："那您还学个什么劲啊？"老人笑答："年轻人，我不能告诉你我通过学习得到了什么，因为那样太功利，但我可以告诉你我通过学习失去了什么：我失去了愤怒、纠结、狭隘、挑剔、指责、悲观、沮丧，失去了肤浅、短视和计较……"

的确，学习的目的是为了遇见更好的自己，而为了做到这一点，我们首先要承认自己还有所不足，还有种种必须改正与抛弃的东西。学习无非是学习别人，重塑自己，但学习别人与重塑自己的潜台词，都是技不如人，乃至德不如人，这本质上都是往自己的自尊心上插刀子，不符合趋利避害的人类本性。但不这样做，我们的人格、品行、学问、道德便不能更上一层楼，就不能吸收到更多对自己生命有益的养分。所以，苏格拉底强调"认识你自己"，而且他最爱说的一句话就是"我除了知道我的无知这个事实外，一无所知"。

学习是为了遇见更好的自己，可为什么有人总是迟迟遇不上呢？这是个很重要的问题。具体说来，可能是因为你走的路不对。通常来说，如果你只是为了陶冶自己的情操，那你就读些温文尔雅的书，慢慢陶冶自己的情操即可，目的是求安逸，得闲适，恰如你走在一条落叶满目的黄昏小径上，还飘着点儿浪漫的蒙蒙细雨。但你如果想学实用的东西，那就多读些实际应用方面的书，向一些有经验的前辈请教，才能学得更快，才能遇到更成功的自己。

比如你想做服装行业，那你最好去找一个在服装行业取得了成功的人，去向他学习，或者边给他打工边向他学习，比从书本中学习要来得快，还能学到很多超出你预期的东西。学习不是闭门造车，而是需要走出去，去看见更广阔的天空。光看到天空还不行，还得真实地踏在相应的路径上，你的眼或许会骗你，但你的脚不会骗你。在现实生活中，在具体场景中，向高手学习，跟牛人学习，才能更快地成长、更快地遇到更好的自己。

7. 懒惰是大脑的天性

几乎每个家长都会遇到孩子拖拉、偷懒、写作业慢、沉迷游戏等问题，有些家长动不动就为之抓狂，把自己气得够呛。其实没必要，我们小时候也那样。因为，我们的大脑它天生就爱偷懒。

确切地说，大脑不是要偷懒，它是想节约能量。我们知道，大脑是所有人体器官中最为复杂的一部分，并且是所有神经系统的中枢。当大脑全速运转的时候，它既要处理语数外、史地生，还要保持身体平衡，控制呼吸和心跳，并且兼顾视觉、听觉与感觉。这么多事情都要经过大脑，它不学着偷点儿懒，还不得累坏？

如果把人体比喻为一台汽车，那么大脑的耗油量最大。研究表明，成年人的大脑重约 1.4 千克，相当于成人体重的 2%。但从能耗方面看，大脑竟消耗了人体一日所需能量的 20%，很不成正比。除了大脑之外，其他人体器官乃至整个系统，均无须消耗如此多的能量。正因为如此，大脑不得不遵循"一切尽量节能"的天性，尽量按步就班地半自动化运行，讨厌改变与学习。

大脑总是会有选择性地先去做那些它认为当下最重要的事情，除了呼吸、心跳等性命攸关的大事之外，排在前面的还包括饮食、消化、排泄、睡眠等。举例来说，如果你现在饿了，甚至饿得发慌，那么你的大脑会不断劝你放下手头所有工作，不遗余力地提醒你："你太饿了，你抓紧时间吃饭吧！你不吃，也要为你的大脑想想啊！"起初，它可能还会提醒你："最近有点累，吃点儿好的吧，犒劳一下自己！"但随着时间的延长，它又会告诉你："都快饿昏了，就别挑食了，是吃的就行，先吃饱再说！"

好不容易有吃的了，一边吃，你一边在想，一会儿可得赶紧把剩下的功课做做。可吃完了之后，你马上睡意袭来，勉强学习意义已经不大，这是因为你的大脑又在暗中为你安排好了，让你赶紧休息一下，恢复精力以后再学。

睡醒了之后，总该安排学习了吧？不，相对来说，学习其实是最不重要的事情，所以大脑对它的策略是能绕就绕，能躲就躲，能拖就拖。反正不学习也不会马上饿死，更不会困死，学习了也不会马上吃得更好、睡得更香……这就是大脑的想法，也是很多不爱学习的人的真实内心写照。

如果不必动脑就能吃上饭，或者吃得很好，那么人们就宁愿不动脑，这也是社会大众的真实写照。但是一旦意识到问题的严重性，尤其是关乎吃饭等根本问题了，那么人的紧迫感与学习积极性便随之而来。没办法，不学习连饭都吃不上了，而且不是开玩笑的，能不学习吗？当然，也可以换个角度，比如有奖竞赛，因为我们的大脑不仅天生懒惰，喜欢随大流，而且禁不住诱惑。

有个词叫作"惰性"，很显然，它是个负面词汇，不过客观地说，大部分人都有惰性，因为每个人的大脑都爱偷懒。无论多么优秀的人，多么勤奋的人，其大脑本质上都具有"惰性"。它可以表现得很明显，比如众所周知、显而易见的拖延、拖拉等懒惰形式；也可以隐藏得很深，以至于当事人都不知道自己是在偷懒。比如行文至此，我的大脑通过我的潜意识一直在提醒我："嘿，这类文章你以前写过，省点劲儿吧，别搞创新了！以前那篇文章挺好的，大不了你把它改一改，也比那些菜鸟们原创的要好！"再比如那些在应有的休息日不得休息的人，往往工作效率很低，主要原因就是他们的大脑在悄然抗议："我让你不休息，非得让我加班！就是不给你好好干！"

切不可就此认为大脑有多么可恶，我们需要一种全新的认知，更加理性地认识大脑的天性与懒惰的本质，千万不要被一些陈词滥调蒙蔽了双眼。在此基础上，我们还可以从大脑的天性上入手，调动大脑的积极性。因为前面说过，我们的大脑很懒惰，但是它经不住诱惑。

换言之，所谓惰性，不但是一种心理状态，而且是一种可以调节、改变与激发的心理状态。我们学任何东西都需要大脑的参与，对大脑来说，学习就意味着改变，意味着创建新的连接，这是一个复杂的生物过程。通常来说，没有需求、没有兴趣，大脑就没有动力，人们就不会去学习。而只要驱动力足够大，兴趣点足够多，大脑同样欲罢不能。

举个简单的例子，戴尔·卡耐基讲过一个很有意思的小故事：

这天晚上，艾莉丝小姐回到家里时，已经是筋疲力尽。头痛、背痛，累得她连饭都懒得吃，只想上床睡觉。在母亲的再三劝告下，她才勉强坐到桌前。突然，电话铃响了，是她的男朋友打来的，他约她出去跳舞。艾莉丝的眼中顿时放射出光芒，精神瞬间振奋起来。她飞快地冲上楼，换上心爱的天蓝色衣裙，一阵风似的冲出了家门。午夜时分，按说应该累上加累的艾莉丝小姐回来后，非但不再感到疲倦，反而兴奋得睡不着觉了。

相信很多年轻人都有过类似的经历。背后的原因是什么呢？是因为谈恋爱符合人类的天性，并且被写在了基因里，而学习这种东西还远远不是人类的天性。尤其是各种现代科学，就连我们瞩目的各种大学，其诞生也不过是几百年的事，而人类到现在已经走过了几百万年的历程。

当然，这并不意味着艾莉丝小姐做得对。下面，我们再来看看另一位小姐与卡耐基的夫人——桃乐西夫人的案例：

一次，桃乐西夫人正在讲课，一位女学生站起来直言道："太太，我希望你不要再浪费精力，试图改进我的记忆力了，这是绝对办不到的事。""为什么办不到？""这是祖传的。"女学生回答："我们一家人的记忆力全都不好，我爸爸、我妈妈将它遗传给我。因此，你要知道，我这方面不可能有什么更出色的表现。"桃乐西夫人说："小姐，你的问题不是遗传，是懒惰。你觉得责怪你的家人比用心改进自己的记忆力容易。请坐下来，我证明给你看。"

事实证明，桃乐西夫人是对的，在随后的一段时间里，她耐心地训练这位小姐做简单的记忆练习，由于她专心练习，学习效果很好，就此打破了那位小姐认为自己无法将脑筋训练得优于父母的想法，并且学会了凡事从自身找原因，试着改造自己，而不是找借口。

再来看一个剑走偏锋的例子：

有很长一段时间，荷兰阿姆斯特丹史基浦机场的男厕，都饱受来自五湖四海的男性旅客四处"扫射"的困扰。人们想了各种办法都收效甚微，管得太严又不符合荷兰"开放之国"的国际形象。后来，有位智慧出众的设计师提议：在男厕的小便池正中刻一只黑色苍蝇，结果这个小苍蝇让旅客们精神为之一振，"命中率"也大大提高，小便外溢情况骤降 80% 以上，问题迎刃而解。

当然，具体应用时还要灵活掌握。把一个低年级的、惰性十足的小学生交给你时，你不能告诉他去谈个恋爱，也不宜跟他直接谈论阿姆斯特丹的机场男厕，但你可以通过别的有趣方式唤起他的学习兴趣，比如做填字游戏、玩脑筋急转弯等，总之要想办法让他进入更好的状态。综上所述，惰性不过是一种心理状态，好的心态无非就是好的心理状态，能做到这一点，你和这个孩子就已经成功了大半。

8. 学习是不是人类的天性？

懒惰是大脑的天性，那么学习是不是人类的天性呢？

这个问题要辩证地回答。

首先，学习肯定是人类的天性。前面我们讲过，人类天生具有强烈的好奇心，而且越是小孩子越是表现得明显。如果你带过小宝宝，你会发现，人类的探索欲与生俱来。小家伙们能站起来四处溜达就绝不坐着，因为坐下来视野狭小。能出门转悠就绝不窝在家里，因为外面有很多新东西。

如果你的孩子失去了学习兴趣，那与学习本身无关，而是与学习内容和学习方式有关。举个简单的例子，如果教小孩子科学知识，不能一上来就讲一些太枯燥的理论与假想，要从他们好奇的事物开始讲起，比如恐龙，而且最好让他们参与进来。因为我们知道，小孩子总是有各种各样的问题，这是因为他们非常想了解这个世界的因果关系，他们的小脑袋非常想知道周围的世界是怎么运转的，他们怎样做才会犯更少的错误。

想象一下我们的祖先是怎么生活的，就更容易理解什么叫"学习"。简单来说，技能的习得都是学习，包括说话、走路、吃饭、奔跑、跳跃、投掷、挖掘、摘取、狩猎……不仅如此，他们还会在晚上看流星，在早上或黄昏观察太阳，以期从中发现些什么。

总之，人类天生具有的好奇心使其愿意主动学习和探索，因此学习确实是人类的天性。当然，如此广义上的学习也并非人类的专利，大多数动物其实都有这一天性，并且学习的优先级都很高。很多动物都会选择首先满足自己对陌生事物的好奇心，然后再进行其他行为。比如，将一只老鼠放在陌生的、有食物的环境中，它首先会选择探索周围环境，然后再进食，即使是处在饥饿状态也是这样。

之所以会这样，是因为生存一向都是残酷的。那些不爱学习或学习较慢的物种早已被淘汰，而教育与学习的目的，说到底还是让人通过学习，更好地生活，或者说存活在这个世界上。

“求知是人类的本性”——这也是亚里士多德的代表作《形而上学》开篇的第一句话。他说：“这里所要讨论的主题是大家用来阐释事物的原因与原理的所谓智慧”，他将知识分成感觉、记忆、经验、技术、智慧五个等级，千百年来，对于知识的向往与追求，也成了人类历史进程中永恒的主题。

但学习者尤其是学生对学习的反感也是不言而喻的。这是因为人类固然有学习的天性，同时也有其他一些天性。有些天性还是连我们的基因都认可了的更加重要的生存策略，比如，那些每天在健身房挥汗如雨的人们并不知道，他们最为渴望的燃烧自己的卡路里这件事，在我们的祖先看来是多么“反人类”，因为人类的祖先受时代所限与生存所需，无论怎么努力也总是处在不同程度的食物匮乏的状态下，所以人类的神经系统会自发调整，确保最大限度地获得能量并最少程度地消耗能量。就以最普遍的散步来说，研究人员通过大量数据分析发现，人们会不自主地改变他们的走路方式，以减少能量消耗，同时在任何情况下都倾向于选择最短路径。另外，婴儿可能更倾向于能站着时就不坐着，但成人绝对是能坐着时就不站着，这主要是因为婴儿不需要为获取能量负责，他们的主要任务是学习与探索世界，而成人在很大程度上恰恰相反。

所以，中肯地说，学习固然是人类的天性，但现代意义上的学习通常是违反人类天性的。这恰如劳动是人类的天性，并且创造了人本身，可没完没了地工作实在令人痛苦。

就像我们之前说过的，学习不等于在学校上课，我们小时候学说话、学走路算学习，我们刷微博、刷知乎也算学习，甚至茶余饭后的聊天都是学习的一种。这些只是人类基于本能的学习，人类发展到今天，再仅仅做基于好奇心的学习就远不够用了。

如果说学习是人类的天性，并且这种天性源自于人类的好奇心的话，那么这种心理也是很脆弱的，一旦在学习过程中不能收获足够的快感，内心就会沮丧，接下来再继续学习的话，就需要克服更多的心理障碍。另外，好奇是浅层次的本能，有时只是一探究竟，比如听到外面有吵闹声，你会自然而然、下意识地探头去看。而学习是更深层次的，需要花费时间和经历，也需要耗费精神与意志力。"两耳不闻窗外事，一心只读圣贤书"，无论是在古代，还是现代，都非常难得。

所以，当我们说着"学习是人类的天性的时候"，我们也要意识到，这种天性是低层次的。每种动物的本能都会让它们去探索和学习一些生存技能，完全不学习的基因会在自然竞争中被淘汰，而长时间的学习需要高度自律，光凭动物本能很难做到，所以越是接近本能谋生的人，就越有可能目光短浅。比如一些小小年纪就选择打工的人，不管是自己的选择还是家庭的选择，不能说他们没有学习天性，他们也在学习，但主要是学一些浅层次的只需简单结合体力就能变现的知识，追逐的是眼前利益与短期利益，不能马上让他们挣钱的事，就认为无用。

再来看几个关于乌鸦的例子：

在英国，一只秃鼻鸦学会了用冒烟的雪茄屁股把藏在自己翅膀中的虫子熏出来。

在日本，乌鸦们发明了一种绝妙的吃果仁儿的办法：把坚果丢到车道上后，飞到一边等汽车开过，待红灯亮时，它们再飞到马路中央，安全地衔走那些被车碾碎的果仁儿。

美国一些大学的学生发现，有些乌鸦经常会从学生的饭盒里盗取食物，还偷偷地藏起来，而且它们会很快回到藏匿点，不断地转移赃物。这是因为它们做过贼，于是就疑心别的鸟也是贼。更有趣的是，它们藏匿食物时，如果有别的鸟在场，它们会趁那些鸟不注意时，迅速藏好食物，或者把嘴插进地里欺骗对方。

看到了吧，乌鸦都懂得与时俱进地学习，更何况人呢？

　　曾几何时，有一幅希望工程的宣传画，那位"大眼睛"女孩儿渴望知识的眼神，至今仍让人难忘。即使到了今天，由于发展的不均衡与物质的局限，世界上依然有很多人得不到求学求知或者深度学习的机会，还有很多双无奈的"大眼睛"，可怜巴巴地看着残酷的世界。另有一些人，因为暗合了财富的逻辑，获得了财富，忘却了求知的本性，沾沾自喜地宣扬"知识无用论"。当然，更多的人，正在自觉地将对知识与智慧的追求作为提升自己的必经之路，成为终身学习者。可以说，有这些人，知识就永远有价值，人类就永远有希望。

第二章

被动学习与主动学习

那些已经开始获益的人都有一种感觉，那就是知识与知识并不是单纯地叠加，而是一种化学反应，会在学习者的生命中进行全新的融合与体验，然后不断开出新的枝桠，就算一些已经枯萎的知识，也可能会因为新知而复活。

1. 你睡觉的时候大脑在干什么?

据科学家研究，有些鸟类在漫长的岁月中，进化出了飞行时睡觉的能力，又称为"半边脑睡觉"，借助这种能力，它们可以连续好几周、甚至好几个月在高处飞翔不休息。相比来说，我们人类的大脑尽管在很多方面更为强大，但在这方面还是有所不及。

不过，我们的大脑也是非常值得敬佩的劳模。白天，从你一睁眼，它就为你忙前忙后，操心不已：吃什么，喝什么，去哪里，做什么，为什么？林林总总，不一而足。晚上你进入了睡眠，它也不能洗洗就睡，而是要开启新的工作。

那么，你睡觉的时候大脑在干些什么呢？

首先，在我们睡觉的时候，大脑要保证我们活着，所以它还得主导并参与人体最基本的生命体征的调节，不断地发信号告诉相应的器官，好好呼吸，好好心跳，保持正常体温等，我们各种基础的生命活动都是靠它的辛勤劳作才得以维持的。

其次，分泌许多激素，确保少年儿童茁壮成长，也让成年人保持正常的新陈代谢。白天，大脑也会不断分泌各种激素，但分泌高峰发生在睡眠期间。

最后，我们睡觉时，大脑的活跃程度并不亚于清醒状态。白天，大脑的主要精力都放在接收各类信息上，在晚上，它则帮我们记忆或者梳理白天发生的事以及学到的知识技能，还会选择性地遗忘一些你不想要的信息。

当然，人类对大脑的认知还很有限，到目前为止，人们能够利用的还很少。

再来看一个经典案例：

1942 年夏天，美国心理学家劳伦斯·莱尚展开了一项实验：他从纽约州的某个夏令营中，选出了一些习惯啃手指甲的男孩，然后把他们分成两组，白天让他们照样训练，晚上则睡在不同的小木屋中。其中一间小木屋门口挂着一个很隐蔽的留声机，只要孩子们睡着，就反复播放一个句子："我的手指头尝起来真苦！"另一组男孩儿则作为参照，不加任何干扰地睡在另一间小木屋里。实验进行了两周后，他的留声机坏了，这位敬业的教授不得不每晚亲自造访相应的小木屋，小声地重复"我的手指头尝起来真苦"，直到念够 300 遍。这个奇特的实验旨在探索人类在睡眠期间学习的可能性，最终，劳伦斯教授得到了令他满意的正向答案：在偷偷给那些爱咬手指甲的孩子播放了多达 16000 次以上——关于"手指甲是苦的"的句子之后，有 40% 的孩子改掉了咬手指甲的坏习惯，而另一组男孩儿无一改变。

劳伦斯的实验激发了一系列相关研究。20 世纪 50 年代，美国加州的一所监狱领导决定，研究一下睡眠学习是否能够帮助囚犯洗心革面、重新做人。于是，相关监狱的囚犯们开始享受每晚睡觉时悄悄被"洗脑"的待遇。他们每晚睡觉时都会听到几百个精心挑选的句子，包括"心灵和精神要共同成长""你要过滴酒不沾的生活"等。有没有效果呢？几年后，监狱当局宣布，这一特殊的方法对 50% 的囚犯起了作用。有的报纸甚至报道说，某囚犯声称自己一想到喝酒就会反胃。

不管是真是假，苏联人听说后，马上展开了相关实验。实验地点定在莫斯科以北的一个小镇，居民大约有 2 万人。在长达两个月的时间内，所有居民被要求：晚上 10 点半统一上床睡觉，整晚不得关掉收音机。电台会先播放 15 分钟的轻音乐，帮助人们进入梦乡，然后播放一系列英语教程。两个月后，负责该项目的科学家报告说，这里的人们不知不觉中学会了 1000 多个英语单词，并能进行简单的英语对话。

不管舆论怎么宣传，总有人心存质疑，然后进行有针对性的反向研究。最终，他们拿出了令人信服的结果，那就是人类在睡梦中学习固然可以理解，但绝不会仅凭睡觉时听听广播就能掌握一门外语。就连那些掌握了一些单词的人都被怀疑，当时他是不是没有睡着？会不会特意收听了广播？因此，之后数十年，类似的理念鲜少被人提及，就像它根本不曾出现过。

那么，我们讲述上面这些实验的意义何在？很简单，至少我们知道，就算我们睡着了，大脑也不休息，那为什么不在向它致敬的同时，趁着清醒的时光，更好地调动大脑，投入有意义的学习呢？

2. 被动学习与主动学习

什么叫被动学习？

什么叫主动学习？

我们先来看看历史名人溥仪的例子，他在自传《我的前半生》里有详细的记述，我们来截取几个有趣的片断：

（一）

我读的古书不少，时间也不短，按理说对古文总该有一定的造诣才是，其实并不然。首先，我念书极不用功。除了经常生些小病借题不去以外，实在没理由又不高兴去念书时，就叫太监传谕老师，放一天假。在十几岁以前，我对毓庆宫的书本，并不如毓庆宫外面那棵松柏树的兴趣高。在毓庆宫东跨院里，有棵松柏树，夏天那上面总有蚂蚁，成天上上下下，忙个不停。我对它们产生了很强的好奇心，时常蹲在那里观察它们的生活，用点心渣子喂它们，帮助它们搬运食品，自己倒忘了吃饭。我对蚂蚁的兴趣维持到十三四岁，后来还用大瓷花盆专门喂养过它们。在屋里念书，兴趣就没这么大了，念到最枯燥无味的时候，只想跑出来看看我这些朋友们。

（二）

我与众不同的念书方法，也让我得不到别人能得到的东西。许多旧学塾出身的人都背过书，据说这是件苦事，但也确实给了他们好处。这种好处我就没享受到。师傅从来没叫我背过书，只让我在书房里念几遍而已。也许他们也考虑到念书是应该能记住的，所以规定了这样两条办法：一条是我到太后面前请安的时候，要在太后面前把书从头念一遍给她听；另一条是我每天早晨起床后，由总管太监站在我卧室外面大声地把我昨天学的功课念几遍给我听。至于我能记住多少，我想记不想记，就没有人管了。没有任何测验和督促，我从来没有作过文。记得只作过几次对子，作过一两首古体诗，这也是极偶然的事。我的任何作品，老师向例不加评论。我的满文（宫内叫做清文）学了不少年，但是我只学会说一句话，这就是当满族大臣向我请安照例说了"阿哈某某，恩都尔林额，额直呢，显勒赫，博，拜密（奴才某某跪请主子的圣安）。"之后，我须照例说的那句："伊立（起来）！"

（三）

我九岁的时候，他们又想出一条促进我学业的办法，给我配上伴读的学生。伴读者每人每月可以拿到按八十两银子折合的酬赏，合大洋一百一十一元一分一厘，另外被"赏紫禁城骑马"。虽然那时已进入民国时代，但这在皇族子弟中仍然被看作巨大的荣誉。得到这项荣誉的是溥杰和一个叔伯侄子，溥伦的儿子毓崇（伴读汉文），一个叔伯兄弟，载涛的儿子溥佳（伴读英文，是十四岁时才有的）。伴读者另有一种荣誉，是代书房里的皇帝受过。"成王有过，则挞伯禽"，既有此古例，因此在我念书不好的时候，老师便要教训作伴读的人。实际上，皇弟溥杰是受不到这个的，倒霉的是毓崇。毓庆宫里这三个汉文学生，溥杰的功课最好，因为他在家里另有一位教师很认真地教他，他每天到毓庆宫来，不过是白赔半天工夫，真正的学业是从家塾里习到的。念书成绩最坏的是毓崇，原因倒不是他在家里没另请师傅，而是由于他念得好也挨说，念不好也挨说，自然使他念得没有兴趣，所以，他的低劣成绩可以说是职业原因造成的。我后来看了马克·吐温的小说《王子与贫儿》，发现英国古代王子的书屋里，设有世袭罔替的"鞭童"，在王子念书不好时专供老师打屁股之用，这真是古今中外无独有偶了。

我在没有伴读同学的时候，确实是够淘气的。我念书的时候，有时会把鞋袜全脱掉，一高兴，还会把袜子扔到桌子上，老师只得给我收拾好，给我穿上。有一次，我看见徐坊老师的长眉毛好玩，要他过来给我摸摸，他不得不俯过头来，叫我冷不防给拔下一根来。徐坊后来去世，太监们都说这是给"万岁爷"拔掉寿眉的缘故。有一次，我的陆润庠师傅被我闹得竟把"君臣"都忘了。记得我那次无论如何念不下书，只想到院子里看蚂蚁倒窝去，陆老师先用了不少婉转的话劝我，什么"文质彬彬，然后君子"，我听也听不懂，只是坐在那里东张西望，身子扭来扭去。陆师傅看我还是不安心，又说了什么"君子不重则不威，学则不固"，我反倒索性站起来要下地了，这时他着了急，忽然大喝一声："不许动！"把我吓了一跳，居然变得老实一些。可是过了不久，我又想起了蚂蚁，在座位上魂不守舍地扭起来。

伴读的来了之后，果然好了一些，在书房里也坐得住了。我有了什么过失，师傅们也有了规劝和警戒的方法。记得有一次我蹦蹦跳跳地走路，慌慌张张走进书房，听见陈老师对坐得好好的毓崇说："君子不威则不固……看你走路何其轻佻！"

按照一些欧美专家的观点，最为被动的学习方式，就是学生坐在那里，一动不动地听老师讲课。因为这种方式下学生参与度极低。显然，这是没有考虑到溥仪这种特殊情况。作为被动学习的典型代表，我曾试图从他的传记中寻找一些主动学习的案例，结果让我很遗憾，完全没有。

但也无须苦苦寻觅，溥仪在文中提到的、陪读的溥杰，就很值得一提。他自幼精习书法与诗词，具有雄厚的诗、书功力，自成一体，是海内外知名的书法家。而且，这还是在他每天到毓庆宫陪读，"白赔半天工夫"的情况下。他本人在《溥杰自传》里也介绍过进宫陪哥哥溥仪学习的情况。在溥杰看来，溥仪学习有些不用功，甚至是比较贪玩的，而他自己则是专心学习，所以他在这个时期学到了很多知识。

跳出具体的例子，我们再从专业研究角度来探讨一下被动学习与主动学习。

以往讲到学习理论，很多人会自然而然地想到欧美。其实大可不必，就事论事，像"被动学习与主动学习"这样的学习理念，不仅没必要远涉重洋，而且很多时候，欧美还在研究我们，学习我们。以美国斯坦福大学教育心理学教授希尔伯曼为例，他在专著《积极学习》中开宗明义写道：

2400年前，孔子在论述教育时，曾说道：

对于我听过的东西，我会忘记。（闻之我也野）

对于我看过的东西，我会记得。（视之我也饶）

对于我做过的东西，我会理解。（行之我也明）

这三句简洁的话可作为积极学习的精要。

我将孔子的智慧作一修改并扩展成我的积极学习信条：

对于我听过的东西，我会忘记。

对于我听过和看过的东西，我会记得一点。

对于我听过、看过并问过问题或与人讨论过的东西，我会开始理解。

对于我听过、看过、讨论过和做过的东西，我会从中获得知识和技能。

对于我教过另外一个人的东西，我会掌握。

实验研究已经证明了这些积极学习信条。

可见，所谓主动学习就是积极学习，所谓被动学习就是消极学习。这么简单的事情，无须大费笔墨，更不必找个外国人来背书。但很多人偏偏迷信这套，只能说他们还不懂学习的真谛。

3. 被动考试与主动考试

著名主持人樊登曾经写过这样一篇文章：

我上中学的时候经常被班上的女生"围攻"，原因是她们说我都没有努力过，凭什么学习成绩那么好。我记得很清楚，有个女生在毕业纪念册上给我的留言是"不要浪费了上天给你的天赋"。这个女同学的每本书都记满了笔记，还用各种颜色的荧光笔画满了重点。我其实一直都很崇拜能够熟练使用多种颜色画记号的人，实在不知道有什么规律可循。而我就很汗颜了，每学期结束时，书本比脸还干净，最多在老师布置作业的地方打个勾。高三毕业时，全套"新书"可以留作纪念。我从不相信自己有什么天赋，因为学习真的不容易。但我特别爱考试，没有测验的时候，我就和同学互相出题考着玩。每次大考之前，我不会一遍一遍地看书、看笔记，而是拿出一张大纸，靠自己的回忆把这学期学习的公式、重点、单词、生字、诗词都默写一遍。每门课用一张纸。遇到想不起来的，就使劲想一会儿。最后才查书，补充完善这学期的知识图谱。这样一来，上考场的时候就不会遇到特别意外的题目了。我忘记了这个方法是我自己发明的，还是我爸爸教给我的，总之有效。直到今天，我讲每一本书也只是看一遍，半个月后要准备讲的时候再拿出一张白纸……

以前不知道这样的方法为什么有效，今天知道了。你手里的这本书是一组严谨的心理学家用很长时间做实验，统计分析，总结出来的关于如何学习的研究成果。他们把我常用的这个套路称为：检索，间隔，巩固，细化，迁移……听起来"高大上"了很多！所以说，学习好不是靠天赋，而是要有正确的方法。为什么靠记笔记和画线不能取得好成绩？因为那些方法并没有给大脑带来挑战，没法起到巩固的作用，只会让人误以为自己已经掌握了。

樊登先生的主旨，归纳起来无非就是"主动考试"这四个字。与之相对的，则是让无数学子为之头疼的"被动考试"。

因为学得不扎实，所以考试就如同过关，甚至有同学幽默地讲："如果我考过了，请不要叫我学霸，请叫我赌神！"

不妨多看几条笑中带泪的段子：

1. 考试就像当医生，出来第一句就是：我尽力了。

2. 考试就像雪碧，考前心飞扬，考后透心凉。

3. 这次考得不错，只挂了两科：文科 and 理科。

4. 考试就像得了病一样，考前是忧郁症，考时是健忘症，考后病情开始好转，拿回卷子时，心脏病就发作了。

5. 每次老师说，请把和考试无关的东西放到讲台上时，我都想把自己放到讲台上。

6. 老师说考试的时候要先想想出题者的意图，我看了看题目，他这是想让我死啊！

7. 有一种填空题叫完全不会，有一种选择题叫看起来都对，有一种计算题叫边做边流泪，有一种应用题叫做起来崩溃。

8. 语文考试时，总觉得自己是英国人；英语考试时，又觉得自己是中国人；数学考试时，才发现原来自己是外星人！

9. 学习就学习，为什么还考试？人与人之间怎么连一点儿信任都没有！

让我们顺着最后一个段子说开去：其实，考试不是为考试，考试是为了学习。如果我们跳出"考考考，老师的法宝；分分分，学生的命根儿"的传统教学语境，不把考试当成衡量学生学习成果的惟一标尺，那么，就像樊登先生所做的那样，考试其实也可以是一种不错的学习工具。

学习的重点是理解并记忆，而记忆则是重中之重，记忆的基本过程是由识记、保持、回忆和再认三个环节组合而成的闭环。识记，就是识别并记住。保持，则是对识记内容的强化。回忆和再认，是为了让记忆深深扎根，成为生命的一部分。这三个环节相互联系，也相互制约。其中，识记是保持的前提，没有识记保持无从谈起，无法保持识记也没有意义；没有保持也就没有回忆和再认，而回忆和再认又是检验识记和保持效果好坏的指标。

再说简单点，记忆可以分为"记"和"忆"两部分，"记"包括识记与保持，"忆"包括回忆和再认。我们完全可以把考试当成检验自身记忆的一种练习，像樊登那样，爱上考试，没考试的时候，就抱着游戏的心态，和同学互相出题，考着玩。刚开始你肯定考不好，但随着你一遍一遍地有针对性地查漏补缺，并适度加强对自己的刁难，你的记忆会越来越扎实，知识图谱也会日趋完善，理解能力也会增强。那时，如果有人劝你放弃这种学习方法，你肯定不答应。

4. 被动休息与主动休息

一本讲学习的书，来讲休息，是不是有点矛盾？

恰恰相反。

休息，不仅不会影响学习，好的休息还能促进学习。因为休息可以使人从生理上和心理上同时得到松弛，能消除或减轻疲劳，并恢复精力。

退一步讲，就算休息影响学习，也必须要休息。不学习，只是无法进步而已，但不休息的话，会影响健康与生命。

美国科学家艾伦·赫特夏芬做过一个著名实验，他把一群老鼠放入实验设备中，通过专门的仪器，可以测量它们的脑活动，同时把它们放在一张横置于一碗水上的光盘上面。每当仪器显示，老鼠睡着了，光盘就会缓慢旋转，老鼠就会惊醒，适当走动，以免掉落水中。结果，尽管它们有足够的食物，但因为被剥夺了睡眠，仅一个月的时间，所有的老鼠都死于非命。

与此同时，还有一个叫特里普的美国主持人做过一个八天不睡的实验，旨在创造世界纪录。他确实做到了八天不眠不休，但随着时间的流逝，想保持清醒变得越来越难，举止行为也愈发怪异。他频频出现幻觉，认为工作间里有老鼠，鞋子里满是蜘蛛，桌子上着了火。有位医生对他进行检查时，他觉得这名医生是来掩埋自己的殡仪员，于是不顾一切地尖叫着逃开……

稍后，又有一个名叫兰迪·加德纳的美国高中生，以11天不睡觉的成绩打破了特里普的纪录。同样，随着时间的延长，挑战变得越来越难，然后便是极度的喜怒无常、记忆混乱和妄想症。在挑战的第四天，他开始出现幻觉，错把路标当成行人。后来，甚至把自己认定为一个著名的黑人橄榄球运动员，但事实上他是一个白人高中生。他的朋友试图纠正他，他马上指责对方种族歧视。有意思的是，不仅他本人备受睡眠剥夺的困扰，就连参与实验的一位科学家，也因为数天不眠不休的折磨，险些把车子开进沟里。

类似的例子还有很多，中世纪的时候，教会甚至会利用剥夺睡眠来制造幻觉，从而把一些知识女性判定为女巫，残忍处死。很多备受失眠困扰的人也一再提到一个关键词：生不如死。另据研究表明，人体存在微睡眠现象，也就是说，当你睡眠不足乃至极度困倦时，你的大脑会不由自主地休眠几秒钟，而你一无所知。如果你当时在阅读，你可能会突然意识到完全不知道上一个句子在讲些什么。如果你正巧在聊天，你可能会觉得自己好像有几秒不知所云；如果你正巧在开车，那么你可能刚与死神擦肩而过。可见，以睡眠为主的休息对人的健康与生命是多么重要。而学习，显然要建立在身体健康这个大前提上。

既如此，我们就先来学学如何科学的休息。

简单来说，休息可以分为被动休息与主动休息两种，再细分的话，还可以加上一个仪式休息。

先说被动休息，它与被动学习的性质一样，被逼无奈了才学习，实在没办法了才学习，与很困了才睡、很累了才休息，本质上是一样的。再以喝水为例，当你很渴了再去喝水，身体其实已经处于极度饥渴状态了，这时候再喝水，已经有点晚了。睡觉也是，当你困得不能再困却还想苦苦支撑的时候，你的身体已经透支到了会影响免疫力的程度，再这样下去除了会亚健康或生病之外，没有任何好处。

近些年，网上屡屡报道一些职场精英身患重疾乃至英年早逝的消息，令人惋惜。其中一位牺牲在工作岗位上、年仅 27 岁的女警在日记中写道："我想我之所以患上癌症，肯定是很多因素共同导致的结果，但熬夜可能是重要原因之一，我的感觉是，熬夜真的等于慢性自杀。"工作比较拼，经常熬夜，作息不规律，睡眠质量差，压力大，也是很多职场人士的常态。但是，这种以健康为代价的坚持，很难唤醒，几乎每个人都可以给出一个自己不能稍微放松的理由。其实，适当休息、正常作息真的那么难吗？难的只是价值观与人生观的调整。

再说主动休息，那就是到点儿就休息，不管困不困，累不累，和按时吃饭、主动喝水、定期运动一样。科学研究表明，疲劳并不是什么坏事，中性地看，它只是人体的一种保护机制，人不应该在感到疲劳时再去休息，那就像感到口渴才去喝水一样。要学会在疲劳未产生之前就主动休息，类似于中医所说的"上医治未病"，不给身体疲惫的机会与生病的可能。同时，科研结果显示，在主动"休身"的同时再配合主动"休心"，也就是由内而外的安顿，效果会更佳，能够最大限度地消除新陈代谢过程中产生的"疲劳物质"，包括二氧化碳、乳酸、非蛋白氮等。也就是说，当我们感觉疲惫的时候，它并不仅仅是一种感觉，而是有物质基础的。相关的"疲劳物质"积累得越多，消除起来就越慢，同时极易诱发许多疾病。

举例来说，英国前首相丘吉尔，他既是个勤奋的人，也是个很会休息的人。在第二次世界大战时，他已经 70 岁，但每天的工作时间还保持在 16 小时以上，指挥全英的抗德战争的同时却能保持旺盛的精力，原因之一就是他很会休息，不管多忙，他都坚持午睡 1 小时。不管多忙，在明显的疲惫袭来之前，他会马上休息，醒后再精神饱满地工作。

最后说说仪式休息。所谓仪式休息，其实就是主动休息中的主动休息，因为大多数人不具备主动休息的能力，甚至休息一下就会有罪恶感。其实不必，上帝创造世界也只用了六天，第七天也要休息，何况凡人？生活需要仪式感，休息也需要。比如在非工作日绝不加班，也绝不去做太消耗自己的事情，工作日每两小时站起来散散步、喝杯茶、发个呆，或者上个厕所也行。

总之，每个人的生命都只有一次，不要再毫无节制地拼命了。也不要再把所有的梦想都放在晚上，没有人可以保证熬夜就能实现梦想，但在追梦的路上不知道如何正确的休息，绝对是一种错误。

5. 学习也有复利效应

说到复利，有一个众所周知的故事：

先前有个喜欢下棋的国王，有一天，他对一个棋艺很高的大臣说："我知道你以前经常让着我，今天我心情很好，你好好下，如果你赢了，随便你要什么奖赏。"大臣见国王确实心情不错，便三下五除二地赢了他，然后说："陛下，我要的其实很简单：您看我们面前这张棋盘，它上面有 64 个格子，你只要能在第一个格子里放上一粒米，然后在第二个格子里放两粒米，也就是先前的一倍，第三个格子放四粒米，也就是再加一倍，如此类推，帮我放满这张棋盘，我就心满意足了。"国王一听这还不简单？当即命人去取米，按他的想法，这个大臣顶多也就能赢一袋大米。但不一会儿，掌管粮库的官吏大惊失色地跑来，说真的按照约定执行的话，就算把国内所有粮库的大米都搬来也不够！

究竟需要多少粒米才能填满故事中的棋盘呢？某位较真的学者通过计算得出了答案：18446744073709551615粒米。这个比我们的银行的账号还要长的数字，很多人读都读不出来，天文数字都不足以描述它。当然，这仅仅是一个理论上的例子，实际生活中既无这样的好事，真正的"复利"也不是这么简单地翻倍、翻倍、再翻倍，不过，它足以说明复利效用的惊人。

"世界上最强的力量不是原子弹，而是复利＋时间。"这句话出自爱因斯坦。他是不是在学习中运用过复利原则，我们不得而知，不过学习确实同样适用于复利原则。人们总说，要一点一滴地积累知识与学问，这是把学识比喻成了水，其实就像这个故事所展现的，我们也可以把它比喻成大米，万事开头难，如果没有最初几个格子里的基础知识，后面的复利效应就无从谈起，也根本不要妄想天文数字级别的庞大知识库。

我国先秦诸子中，有一派叫"杂家"，所谓杂家其实就是通家，也就是常说的融汇贯通。刚开始学习的时候，谁都会觉得所学的知识点都很零散，很难起到大的作用。而且总有学不完的知识和技能，这样下去何时是个头儿呢？实际上，你每天都在进步，都在接近下一个翻倍的格子，这个过程短期之内虽然不会像故事中那么明显，但不得不承认，越是到后面越是进步神速，融汇贯通也就指日可待了。就像武侠小说中所描述的那样，真正长期坚持学习的人，一定能体会到打通"任督二脉"的快感。

这个过程究竟要多长呢？你可以回忆一下那些十年前跟你差不多的人，然后分析一下他们当中优秀的那些人在这十年中是怎么做的；也可以从现在起，每天抽出至少一小时学习，看看下一个十年后，结果如何。

很多人喜欢拿储蓄说事儿，而且动辄 10 万元本金，好像 10 万元很容易拥有似的。其实如果复利效应真的有效，何须 10 万元？相关的计算表明，即使是在本金为 1 元人民币、年固定收益为 10% 的情况下，复利也很惊人——10 年后为 2.59 元，20 年后为 6.73 元，30 年之后达到了 17.45 元，50 年后是 117.39 元，100 年之后是多少呢？高达 13780.61 元！

巴菲特为什么可以成为超级富豪？股票投资所带来的复利效应便是其中一个因素。巴菲特也在进行着类似的学习，即使在股票暴跌、灰头土脸的日子里，他也坚持每天看书、看报。从他的身价来看，学习对他来说的确是一种复利。另外，运用复利时稳妥是首要的。如果连本都亏完了，还有什么利呢？可惜很多人就是想不透这个道理。有很多人，平常嘴里总是哭穷，买本书都舍不得，但一遇到类似集资之类的事情，这些人就好像会变戏法似的，突然就有了很多钱，为了所谓的"高利"争先恐后，好像晚一会儿别人就再也不收了似的。其实这些人不明白：真正使人财富增值的并不是什么暴利的方法，而是时间。

学习也是这样，复利式学习的本质描述起来也很简单：学习知识 A，会导致学习结果 B，而学习结果 B 又会加强知识 A，二者一结合，兴许能催生出知识 C，如此类推，层层迭加，反复正向循环，学习者也就不难像生命的螺旋 DNA 一样，盘旋而上。

那些已经开始获益的人都有一种感觉，那就是知识与知识并不是单纯地叠加，而是一种化学反应，会在学习者的生命中进行全新的融合与体验，然后不断开出新的枝桠，就算一些已经枯萎的知识，也可能会因为新知而复活。

通常来说，只要我们的知识达到一个量级，学习效果就会从线性增长向指数倍增转变，因为当我们的知识突破了一定界限之后，我们的外围会变得更加宽广，我们也会感知到自己知道的太少了，因为未知变多了。而越是这样，我们就越想学习，越想少一些未知，多一些真知，一边向下扎根，一边期待着接下来的爆发。

很显然，具备了这种思维，并且能把它落到实处的人，这辈子干什么都不会太差。不过有人会说，我也坚持学习，为什么没有类似效果呢？

其实，这主要是因为现代社会给了人们太多焦虑，而人们为了排解这些焦虑，就连学习也总是处于应付的状态。很多人都是今天学金融，明天学英文，后天学营销，大后天学什么，要看别人推荐给他什么，这种学习方式，等于是四处开花，不具备真正意义上的持续性，没有在一个点上进行持续迭代，之前所学容易被束之高阁，或者干脆遗忘。

也就是说，我们要有点主见，选一个适合自己的领域，不断汲取相关知识，后期再围绕着这个领域做适当的外延与拓展，每天学习，每天思考，每天分享，每天复盘，这样每天所学都能巩固之前所学，不用太多时间，就会产生复利效应，也就是成为相关领域的高手。

6. 真功夫需要慢下来学

冲动通常来说不是什么好事，不过也有例外，比如冲动式学习。很多人都是一时冲动，就开始着手学习一门技艺或者本领了，尽管始于冲动者不免终于冲动，但总比完全无动于衷的好。

冲动其实是一种本能，或者说是天性，是我们人类对外部刺激的具体反应。同时人也存在着懒惰、得过且过等天性，所以冲动型人格的人想坚持很难，想改变更难。然而成长这件事，不就是从内部打破自己重获新生的过程吗？

从内部打破自己，需要功夫。"功夫"这个词被李小龙发扬光大，全球皆知，但很少有人知道，所谓"功夫"本是一句方言，书面语也就是"时间"的意思。比如北方人常说"功夫大点儿"，意思就是"时间长点儿"。说白了，"功夫"就是时间的不断积累，就是一招一式地不断练习。一夜之间就拥有深厚的内力，只能出现在武侠小说里。

时间是最好的老师，真功夫都需要慢下来学。妄图打破时间规律的事情，很多时候都是在自欺。期望速成的人，放弃的速度和失败的速度，通常也都很快。

有这样一个故事：

以前，少林寺有个年轻的武僧，他一心练武，梦想成为最棒的武僧。他一直努力，却总觉得进步不太明显。失落之余，他找到达摩院首座，婉转地问："师傅，您看凭我的资质，能不能成为一流的武僧呢？"

首座看看他，肯定地说："能，肯定能。"

武僧很高兴，又问："那需要多久呢？"

"至少十年吧！"首座答。

"十年？太漫长了！"武僧又问，"如果我加倍苦练，坚持不懈，那么需要多久呢？"

"那就得二十年了。"

武僧更奇怪了："师傅，为什么我越是努力，成为一流武僧的时间反而越长呢？"

"因为要当一流武僧，其先决条件就是不断抛弃急功近利之心。你满眼都是成功的招牌，哪里还有心思练功？"

三百六十行，行行出状元。每个状元都需要把最初的冲动转化为习惯，天长日久，不改初心，才能够练就独到的功夫，或者把同样的功夫玩得最精、最熟、最有创意。谁的功夫都不是凭空而来的，所有的修行都寂寞，所有的大师都坐过冷板凳。想成为一个优秀的人，既不能急着自我否定，也不能急着自我肯定。优秀有其标准，达到了相应标准，就算你表现得很谦虚，别人也看得出来。就像网友们说的，"怀才就像怀孕，时间久了，总能让人看出来"。

还有这样一个小段子：

在某个机场，由于飞机延误，机场方面为旅客们提供了一些方便面，大家排队等着接开水。一个姑娘抱怨道："这水怎么还不开！"一位大妈回答："因为你在等。"

的确，因为等待，所以漫长。但漫长的并不是等待本身，而是我们的耐心不够。当然，我们也可以在耐心的基础上，再加一把火，再添一把柴，让沸腾来得更早一些。但万不可无视规律，拔苗助长。

那些各种名目的"21天训练营"此起彼伏，迎合的就是我们那颗想要急功近利式成长的焦虑之心。我们太想一蹴而就了，太希望有一个神奇的工具或通道，解决我们的问题了。殊不知，技巧或许是有的，但技能真的是个慢功夫。过来人都知道，哪怕你在短期之内接受超高强度的魔鬼训练，刻意练习加练习刻意，但你所获得的除了一堆鸡血，只是一地鸡毛。如果有人能在短期之内把你领进门，并培养出一种自学习惯，这已属万幸。但是很遗憾，能做到这一点儿的人与机构，少之又少。

著名历史学家范文澜有一句名言："坐得冷板凳，吃得冷猪肉。"何意呢？这话还得从古时候说起。在古代，那些道德高深、精通学问，又为国家人民做出了巨大贡献的人，去世后，其灵牌可以放在文庙中，享受特殊待遇——与孔圣人一起分享后人供奉的祭品，通常是冷猪肉。但你若没有把冷板凳坐热的精神，年复一年、日复一日地刻苦钻研，是不可能出人头地、取得成功的，当然也就不可能享受到祭孔的"冷猪肉"。"冷板凳"和"冷猪肉"一向相辅相成，并且只有吃苦在先，日后才能享受到成功的喜悦。包括范先生在内的所有大师，之所以名扬中外、名垂青史，也正是因为他们坐了数年甚至长达数十年的"冷板凳"。

王国维先生也曾在《人间词话》中阐述他的"人生三境界"理论，说"古今成大事业、大学问者，必经三重境界"：

第一重境界："昨夜西风凋碧树。独上高楼，望尽天涯路。"

这句词出自晏殊的《蝶恋花》，大意是说，"我"独自一人登上高楼眺望远处的萧飒秋景，西风黄叶，山阔水长，前途渺渺，希望何在？王国维则将此句解释成："做学问、成大事业者，首先要有执着的追求，登高望远，瞰察路径，明确目标与方向，了解事物的概貌"。

第二重境界："衣带渐宽终不悔，为伊消得人憔悴。"这一句出自北宋词人柳永的《蝶恋花》，原意表达作者对爱的艰辛和爱的无悔。若把"伊"字理解为词人所追求的理想和毕生从事的事业，亦无不可。王国维则别有用心，以此两句来比喻成大事业、大学问者，不是轻而易举，随便可得的，必须坚定不移，经过一番辛勤努力，废寝忘食，孜孜以求，直至人瘦带宽，也不后悔。

第三重境界："众里寻他千百度，蓦然回首，那人却在，灯火阑珊处。"这句词出自南宋词人辛弃疾的《青玉案》。王国维认为，此即为人生最终、最高境界。这虽不是辛弃疾的原意，但也可以引出悠悠的远意，做学问、成大事业者，要达到第三重境界，必须有执着、专注的精神，反复追寻、研究，下足功夫，方能豁然贯通，有所发现。

什么叫境界？比别人高明就是境界。怎么才能比别人高明？付出比别人更多的代价。或许我们不必想太多，不必执着于境界，我们先上一个台阶如何？其实上一个台阶也不容易。台阶，上得去就是境界，上不去就是瓶颈。每一个优秀的人都曾经为了更上一层楼，熬过了很多不为人知的黑夜，那些让你一眼看上去就很优秀的人，也一定曾经为了让你看起来就觉得他很优秀而付出了许多努力。

7. 无法输出的学习是伪学习

我有一位朋友在大学教学，有一次，谈到他的学生，他说："呵呵，很多人，笔试成绩非常好，可是一让他做实验，就呆若木鸡，无从下手！"

我在老家的一位亲戚也说过："××，说起来也上了四年大学，可是却连给家里拟个合同都不会！"

这样的人，显然都需要在"知行合一"的"行"字上，下一些功夫。

如何具体地"行"呢？

古今中外，各有妙法。

先来看看著名的"费曼学习法"。

费曼学习法的创始人，是大名鼎鼎的诺贝尔物理奖获得者理查德·费曼，这种学习法也叫费曼技巧，它能让我们比别人对事物了解得更透彻，因为它的核心是把知识教给别人。想想看，你自己掌握得不透彻，又怎么能教给别人呢？

标准的费曼学习法分四步：

第一步：把某个知识点教给某人，最好是小孩子。

因为小孩子懂的词汇量不多，理解能力有限，你要把某个知识完全消化并用最简单的语言告诉他们。现实生活中，许多人都倾向于使用复杂的词汇和行话，来掩盖他们不明白的东西，不想步他们的后尘，那就先设定一个小学生级别的教授对象，好好想想，面对他你会讲些什么，然后把重点写在白纸上，用词一定要简单，观点一定要明了，逻辑一定要清晰。

第二步：回顾。

如果你还不是一个老手，那么在第一步中，你不可避免地会卡壳，忘记一些内容，曲解一些概念，或者不能融汇贯通。这是好事，因为你确切地知道了自己的问题出在哪里，那就回到原始材料之中，重新学习，直到你丢掉原始材料也能滚瓜烂熟。

第三步：将语言条理化、简单化、个性化。

你不仅要丢掉材料，还要确保自己没有从原材料中借用任何行话，就像白居易的诗一样，谁都能听懂，但谁都知道，这样平白浅切的诗也不是谁都能写的。哪里晦涩不明，语句不通，意味着你还要在相应的知识点做些工作，直到完全打通。

第四步：传授给更多人。

如果你真的想确保你的理解没有问题，就把它教给另一个人，同样是年龄越小越好。

费曼技巧非常高效，通常来说只需20分钟就能深入理解一个知识点。费曼本人就是靠着这种学习方法，一路成长为继爱因斯坦之后最为睿智的理论物理学家。

中国本土其实也有一些类似的学习方法，比如陶行知先生的"小先生制"。

小先生制的核心是"即知即传人"原则，小孩不仅可以教小孩子，还可以教大人。对此，陶行知是这样论述的："生是生活，先过那一种生活的便是那一种生活的先生，后过那一种生活的便是那一种生活的后生，学生便是学过生活的人，先生的职务是教人过生活。小孩子先过了这种生活，又肯教导前辈和同辈的人去过同样的生活，就是一名名实相符的小先生了。"也就是说，所谓"小先生制",并非传统意义上的"长者为师",而是知者为师、能者为师,只要具备知识,并且能把知识教给别人的人,都可以称之为先生,与年龄没有关系。在陶行知的大力推行下,不到一年的时间,上海就诞生了 18000 个小先生,其余省市也大力推行,产生了良好的学习效果与深远的影响。

相关研究表明,费曼技巧也好,"小先生制"也罢,要点都在于强化学生或学习者对所学内容的记忆。通常情况下,教师干巴巴地讲授,学生只能记住 5%。如果同时配合阅读,马上提升至 10%。视听并用则升至 20%。再加上老师演示,可达 30%。学生相互讨论会达到 50%。学生直接实践会达到 70%。学生教别人时则能达到 95%,这也是最好的效果了。毕竟,没有任何学习方式可以达到百分百。

具体应用时,可以有很多变式。比如,当你准备把孩子培养成钢琴家时,先期可以考虑自己也学一下。因为孩子年龄小,理解力有限,老师要求孩子在家练琴时,家长如果一窍不通,根本没法陪同并辅导。这种情况家长要先去学习,而且必须学得比孩子还好还快,不然就没法引领孩子。这在本质上与"小先生制"和费曼技巧是异曲同工的。

可能有的家长会想,我哪有那么多的时间?其实谁的时间也不多,都是 24 小时,就看你想要的是什么,以及怎么分配它了。

也有人会说,我哪有机会教别人呀?其实怎么可能没有呢?网络时代,你还用担心没有分享渠道?你只需要担心没有真知。你可以写公众号、可以录短视频、可以发微博,再不济也可以用朋友圈晒晒自己的知识。这个时代最不缺的就是平台,而知识尤其是真知,永远都是稀缺的。真知是怎么来的?有人认为多读书,多学习，大量输入知识就会获得真知。不一定。因为读再多的书，上再多的课，如果不能内化为自己的真才实学，输入再多也不过是热身，输出才是真正的学习，也最能检验学习效果。

美国畅销书作家史蒂芬·金在《关于写作》一书中讲过自己创作小说的心得，看上去非常的老生常谈："如果想成为作家，就必须做到两件事，即多读多写。除此之外，我不知道还有什么其他途径或捷径。"多读，就是尽可能地输入。多写，就是尽可能地输出。写作是这样，做其他的事情也概莫能外。

如果你不是一个小说家，又实在不想开口，不妨用用橡皮鸭方法，也就是向一个物体解释你正在学习的东西，例如向一只橡皮鸭子讲解。你可以把它当成倾听者，它绝对有一听一，即使你说错了也不会纠正你，使你难堪。很多程序员都在使用这种方法，他们会逐行向橡皮鸭解释他们的代码是干什么用的，由于橡皮鸭不会开口表示认同，就像一个城府颇深的老板，用沉默示意自己没怎么听懂，需要程序员再讲讲，也像一个理解力稍差的小孩，需要他再讲得浅显点，这样，程序员就能不断自检，发现代码中的问题，并一一解决。

8. 你的人生可能还没激活

就从著名的"鲇鱼法则"说起吧：

北欧的挪威人喜欢吃沙丁鱼，尤其是活鱼，所以市场上活沙丁鱼的价格要比死鱼高许多，渔民们也总是千方百计地想让沙丁鱼活着回到渔港。但经过种种努力，绝大部分沙丁鱼还是会在中途窒息而死。不过有一条船与众不同，船长总能让大部分沙丁鱼都活着。直到船长去世，谜底才揭开，原来船长会在装满沙丁鱼的鱼槽里放进一条鲇鱼。鲇鱼是凶猛的食肉鱼，进入鱼槽后，会因环境陌生四处游动，沙丁鱼担心被吃，十分紧张，会加速游动，四处躲避。这样一来，沙丁鱼被激发了求生本能，水里也有了更多的溶解氧，因此大多数沙丁鱼都能欢蹦乱跳地回到渔港。

这就是著名的"鲇鱼效应"，它是一种负激励，要点在于利用外部刺激，激活内部员工。类似的话还有"早起的鸟儿有虫吃"，尽管童话大王郑渊洁半开玩笑地讲过"早起的鸟儿被虫吃，早起的虫儿被鸟吃"，但勤奋不是过错，焦虑也不是办法，早点激活自己，我们内心那个小孩才能迅速成长。

研究表明，焦虑具有动力作用，它能推动人去积极工作，积极学习；焦虑也有激活作用，它能激发人的潜在能量，使工作和学习更有效率。但焦虑不是唯一的解药，更不是良药。

你有没有发现：你越是为一件事情而焦虑的时候，相关的焦虑因素就会越来越多。这不仅仅是因为你的心思过于集中而过度敏感了，而是因为吸引力法则导致的。

关于吸引力法则的含义，简单来说就是你关注什么，你就会吸引什么，靠近什么。这个"什么"，可以是具体的人，也可以是我们肉眼暂时看不到但已被科学界证实了的暗物质和暗能量。最新的天文观测表明，宇宙的组成包括普通物质、暗物质和暗能量，其中暗物质占宇宙25%，暗能量占70%，我们通常所观测到的普通物质只占宇宙质量的5%。换句话说，宇宙"暗"的一面，主宰了整个宇宙。按照中国古人"天人合一"的理论，它势必也会影响每一个人。在这一点上，东方文化与西方科技总算殊途同归了一次。

根据量子物理的定义：人、石头、墙壁，以及所有的一切，其本质都是能量。我们的所思所感都能发出能量振动，吸引和激活周遭的匹配频率。吸引力法则的工作原理就像音叉：人人发出特有的频率，而匹配的音叉（人与物）会跟着振动。所以，爱发牢骚、爱抱怨的人，不如意的事永远挥之不去；开心的人，总是被欢乐萦绕。他们并不知道，他们正在不知不觉中塑造着自己的生活。

举个实例：

诺贝尔奖的获得者奥托·瓦拉赫在刚读中学的时候，妈妈建议他学习文学，可是老师认为他"过分拘泥，不可能在文学上有所发挥"，后来他又改学油画，老师认为他"素质一般，将来难有造诣"。面对如此"笨拙"的学生，化学老师却发现了他做事一丝不苟且耐心专一的特点，建议他学习化学。瓦拉赫改学化学之后，潜能被逐渐激活，并获得了诺贝尔奖。

什么叫"潜能被逐渐激活"？这里有必要就事论事地解读一下：潜能，可能就是你特有的频率、能量等，它究竟是什么，科学家也不能明确定义，但有心人都可以感知。

回到我们的主题，当我们说"你的人生可能还没激活"时，我们其实是在强调，我们还不懂得如何激活自身能量。举个简单但不太恰当的例子，我们普通人好比一节普通电池，能量有限，做不了太多事情。但是，当你懂得激活且能够激活自身能量时，我们就是一组核电池了，全部身心都被激活后，不仅能量巨大，时效也长。理论上说，核电池的工作时间最长可达 5000 年，而且无污染。怎么理解这句话呢？想想老子、孔子、苏格拉底等先哲就行，他们的智慧、学说与理论，历经数千年而不朽，到今天以及未来，还会影响、激励无数人。

或许是对自身不抱希望，很多家长的焦虑点都集中在孩子身上。抛开这种现象本身不谈，其实家长们大可不必焦虑，而且焦虑本身并不能改变什么。成功学专家罗宾说过："每个人身上都蕴藏着一份特殊的才能。那份才能犹如一位熟睡的巨人，等待着妈妈们去唤醒他。"神经学家们的研究则表明，我们的思想 95% 是由已有成见的潜意识心理所控制，所以唤醒孩子的学习欲望，激发他的成长能量，关键就在于通过潜意识影响孩子。

在 20 世纪 60 年代，美国哈佛大学的罗森塔尔博士曾在加州一所学校中做过一个著名的实验。新学年开始后，他让校长把 3 位老师叫进办公室，对他们说："根据过去 3 年来的教学表现，你们是本校最好的老师。为了奖励你们，今年我们特别挑选了一些全校最聪明的学生给你们教。这批学生的智商比同龄人都要高，希望你们能有更好的成绩。"老师们不明就里，但都表现出掩饰不住的喜悦。临出门时，校长又叮嘱他们："要像平常一样教他们，不要让孩子或者家长知道他们是被特意挑选出来的。"一年很快就过去了，这 3 个班的学生成绩是整个学区中最优秀的，比平均分数高出 20%-30% 左右。但罗森塔尔告诉大家，其实这些学生并不是刻意选出来的，而是随机抽选出来的普通学生，之所以会有不普通的结果，主要是暗示发挥了作用。3 位老师觉得，自己这么优秀，学生也如此优秀，没有教不好的道理，于是信心十足，工作中格外卖力，学生们想不优秀也难。

所以，不论是自己学习，还是激发孩子潜能，都要给予积极的暗示，不断输入积极意识，才能激发正向能量。

第三章

选择适合的学习方式

单纯用功的时代已经过去了，今后是科学学习方式的天下。努力固然重要，但努力的方式更加重要。拒绝低效的勤奋，成为一个会学习的人，你才能更好的学习并享受科学学习带来的乐趣。

1. 最用功的学生未必最棒

"平常不用功，考试就发蒙。"——中国的学子们，很少有人不知道这句谚语。我们的父母与老师，几乎每天都会反复告诫我们："一定要用功！一定要刻苦！一定要全力以赴！"很多人，也没少自我暗示，但更多的是困惑："我这么用功，为什么成绩反倒不如那个不怎么用功的人？"

其实不必困惑，因为既然提到了"用功"，那肯定就不是普通级别的学习了。想要获得的，也必然不是普通级别的效果。确切地说，是想通过不懈努力，实现卓越的结果。然而，努力与用功，只能保证我们的学习成绩不会太差而已，这与卓越之间的差距，并不是由刻苦程度决定的。

有人说，那就是天赋了。其实也不是，如果你真的很努力、很刻苦、很用功，但结果依然不令人满意，那通常是因为你虽然很努力，但努力得过于机械。

有一部印度电影很值得大家一看，这部电影叫《三傻大闹宝来坞》，初看这是一部喜剧，但它其实是一部完整地反映了印度当时教育现状的电影，当时其教育模式是填鸭式教育，缺乏科学的学习方式，不鼓励独立思考，只剩下死记硬背。

故事发生在一所印度大学，学生们课业繁重，为了未来与近在眼前的考试，开启了苦读模式。个中代表是努力到极致的查尔图，他每天苦读 18 个小时，熟练背诵各种书本上的概念，为补充精力，家中常备各种营养品。遇到理解不了的难题，就把它背下来。

　　这样的学习方式，显然是不能创造奇迹的。奇迹，自然属于带着主角光环的阿米尔汗饰演的兰彻。兰彻是传统教育之外的一股清流，他不断打破传统，不靠死记硬背，不是传统意义上用功的学生，但是，他知道怎么学习。这样的学生，当然也不仅仅停留在考高分的阶段，他学以致用，成为了一个拥有400多项专利的真正的科学家。

　　我们再来看爱迪生的故事。

　　有一天，爱迪生拿来一个灯泡，请自己的助手阿普顿算一下它的容积。阿普顿是普林斯顿大学的高材生，他拿起灯泡开始测算，先是测量灯泡的直径和高度，然后再进行计算。但灯泡的形状很不规则，有像球形的地方，又有不像球形而像圆柱体之处，可是那里又不完全像圆柱体，是二者的过渡区，所以计算起来非常繁琐。不一会儿，他的桌子上就摆满了各种草图和布满公式与数据的白纸，忙活了半天，急得满头大汗，还是一筹莫展。这时，忙完手头事情的爱迪生走过来，看到阿普顿的窘样，他笑着说："伙计，有这么麻烦吗？"然后他取来一杯水，倒进玻璃灯泡里，注满后再把水倒入量筒，几秒钟就测量出水的体积，当然也就是玻璃灯泡的容积了。阿普顿惊呆了，脸羞得通红，好半天才说："爱迪生先生，实在不好意思，我以后还要向您多多学习。"

　　关于爱迪生的例子很多，我们都知道他是个没学历的天才，那么他是怎么学习的呢？他是如何思考并记忆的呢？会不会随身携带笔记本？有一次，一位记者问出了上述几个问题。爱迪生说："我从来不带笔记本，也从来不会记一些书本上已有的东西，我的记忆力是用来记忆书本上没有的东西的。如果你问我声音的速度是多少之类的问题，我很难确切地回答你，必须查一下资料才行。"

不难想象，爱迪生这样的人进了考场，肯定不会是"状元"，因为他不会死记硬背，这是应试考试的硬伤。但是，在人生的考场上，他却可以成绩很好。这恰如我们上学时，总有些人看起来没有很努力，但成绩就是不错。也恰如我们工作后，很多业绩最好的人，往往并不是加班最多的人。

用功学习的人，通常都有一个小台灯，和成摞的笔记本，他们不放过任何一个细节，每天做着各种学习笔记。努力工作的人，则像一只只兢兢业业的工蜂，恨不得 24 小时在线，随叫随到。但成绩与业绩，总是与付出不成正比。

抛开更多的因素不谈，学习，肯定是有方法的。最用功的学生成绩不够好，通常来说都是因为他陷入了学习误区。而这些误区，也往往以至少表面上很用功的呈现形式让我们聊以自慰。通常来说，相关的学习误区主要有三：

1. 学习时间越长效果就会越好

用功的学生花在学习上的时间更长，这是毋庸置疑的，我们都见识过那种一口气学几个小时都纹丝不动的好学生，我们也都信奉"既然我不如别人聪明，那就要更努力"的精神。用学习时间来补足差距的思路从理念上看也是对的，但要有度，因为学习的主体是我们的大脑，而大脑是台古怪的学习机器。它讨厌无趣的东西，更看重有一定意义的事情。那么，世界上还有比几个小时纹丝不动更无趣的事情吗？科学研究也表明，无论是学习新内容，还是背单词、古诗，比起一口气学几个小时的模式，分散式学习效果更好。也就是说，要尽量把一次集中学习打散，拉开每次的学习间隔，这样大脑不仅不容易乏味，记忆留存时间也更长。

2. 学习要有固定的场所与时间

有的人睡觉择席，睡在陌生的地方会失眠。有的人水土不服，去了外地会生病。有些人学习也是这样，什么都安排的妥妥的，规定的死死的，要有固定的日程、安静的场所、绝不能被打扰，等。然而研究结果表明，把同样一组学生先后放在安静的教室里与有音乐的房间里学习，在安静的教室里学习的学生，反而记忆效果差。同时，科学研究表明，比起在固定的场所和时间学习来说，每次变换学习场地、时间，甚至是学习方式的人，学习效果会更好。所以你会看到，那些真正的学习高手在任何地点都能一秒钟进入学习状态，完全不看周遭环境。

3. 反复标记加反复记忆

用功学习的人，往往会把课本标记得满满当当，所有重点都会用荧光笔划出来，复习的时候会刻意多看一眼。在我们看来，这些看过多遍的重点，肯定都掌握了。打开考卷时也看着眼熟，但就是想不起来了，这是因为我们被心理学家们称之为"熟练度"的东西给欺骗了。研究表明，我们的大脑越是得来毫不费功夫，就越是不容易记住，费尽力气获得的记忆才是记得最牢的。当你习惯性地望向那些荧光笔划过的内容时，大脑并没有与相关内容进行深入互动，所以这样复习不会有多好的学习效果，只会产生一种我们已经熟练掌握的错觉。

总之，单纯用功的时代已经过去了，今后是科学学习方式的天下。努力固然重要，但努力的方式更加重要。拒绝低效的勤奋，成为一个会学习的人，你才能更好的学习并享受科学学习带来的乐趣。

2. 在没有路牌的地方走路

李政道先生是著名的美籍华人物理学家，1984 年，他受邀访问中国科技大学。在科大少年班，谈到考试时，他说："考试，只是考一个人的记忆力，考的是运算技巧。这并不是学习的重点，学习的重点是培养能力。"

见大家似懂非懂，他问："你们谁是上海来的学生？"

"我是。"一个少年大学生答。

"你对上海的马路熟悉吧？"

"差不多都熟悉。"

"那好。我再找一个从来没去过上海的同学。"李政道一边说，一边随手一指另外一个同学："就好比你吧，没去过上海。现在我给你一张上海地图，然后告诉你，明天的考试内容是画上海地图，要求标出上海市全部主要街道的名称。"然后他又回过头来，对那位来自上海的同学说："不过，我并不告诉你，第二天我会让你们俩来画上海市的地图。大家说，他们俩个人，谁的地图会画得好一些？"

大家不约而同，纷纷指向那位没去过上海的同学，说："当然是他画得好一些。"

"大家说得对！"李政道很兴奋，接着说："他虽然没去过上海，但是因为事先知道要考什么，所以可以连街道名称都标得准确无误。不过，再过一天，如果我把他们俩都带到上海市中心，并且假定上海市所有的路牌都被拿掉了。你们说，他们俩谁能从上海市中心走出来？"

同学们都笑了，答案显而易见。

李政道不失时机地说："我们搞科学研究，就是在没有路牌的地方走路。只有多走，才能熟悉。你地图虽然画得好，考试可以得100分，但是你走不出去。所以，真正的学习是培养自己在没有'路牌'的地方也可以走路的能力，最后才能走出来。这才是学习的最本质的东西。"

真正的学习是培养自己在没有路牌的地方也能走路的能力。——这话多么精辟，多么深刻。但有些家长就是不理解："谁不希望自己的孩子考高分、考满分啊？"著名科学家朱清时曾举例解释："我小时候，农民不施化肥种地，单产四五百斤，后来用上化肥，单产提到五六百斤，但几年之后，不仅产量无法提升，一些土地因施肥过度，造成土壤板结，已经不能再种水稻了。因此，我得出一个结论，施肥要有度，学习也要有度。过度用功与过度施肥一样，长此以往，不仅成绩再难提高，还可能成为高分低能的平庸之辈。在目前的应试教育体制下，分数成了学生的命根子。什么周练、月考、联考，什么全班排名、全年级排名、全区排名，每个毕业班都要花半年到一年时间，拼命刷题，重复训练，为了提高1分或者半分，放弃一切业余爱好，甚至连体育课也不上了。特别是在一些偏远地区，学生更是成了考试机器。等到他们上大学后，发现自己除了学习什么也不会了。不仅如此，由于以前过度重复训练，相当于给土地施了十余遍化肥，学生透支了健康，付出巨大的成本，最后创造力被磨灭了。潜能榨干了，也开始厌学了，没有后劲了。如果碰巧对录取的专业没有兴趣，那基本上就会流于平庸了。

在 20 世纪中期，英国学者李约瑟曾提出著名的"李约瑟难题"，即"中国古代对人类科技发展做出了很多重要贡献，但为什么科学和工业革命没有在近代的中国发生？"2005 年，著名科学泰斗钱学森又曾提出了一脉相承的"钱学森之问"："为什么我们的学校总是培养不出杰出的人才？"这里的杰出的人才，自然是大师级别的。相关的讨论一直非常激烈，但应试教育一直首当其冲。

那么，我们又该如何着手锻炼自己的学习能力呢？通常来说，它可以细化为以下两大子能力：

1. 预习能力

当你游览名胜、风景时；当你欣赏电影、音乐时；当你参观艺术展览时，是不是必须通过导游或讲解员，才能发现美之所在、妙之所在？如果你必须在别人的指导下才能领悟美、感受美，很显然，你需要加强一些独立探索的精神。学习也是这样，如果不具备独立探索的精神，即使把全世界的名师都请来，也没法从本质上提升你。预习也是检验自身学习的水平线，我们要边预习、边回顾、边思考，之前的缺课要补，之前不牢固的要巩固，预习不理解的部分要记录，然后带着问题去学习。

2. 听课能力

听课是为了学到知识，尽管小学生听课与企业家听课不可同日而语，但本质上都一样。难道听懂了知识，就算听好课了吗？应该说，听懂是起码的要求，但优秀的学习不会满足于此，而是给自己提出更高的要求。那就是，不仅听具体的知识，还听老师的思路与思维，目的则是为了提高自己的思维能力，从而进一步提高学习效率。

举例来说，曾经的全国理科高考第一名应自强，他上中学时，由于超强的预习与自学能力，完全可以不用跟班上课了，但他依旧坚持上课，专注听讲。有人说，你都懂了，再去听，不是味同嚼蜡吗？他说："老师要讲的内容我确实早已掌握了，但老师分析问题、解决问题的逻辑思维方法我无从得知，我需要学到手，相互印证，把我的思维方法与老师相比较，才能找出我的差距，提升自己。"

再比如郭震，这个 15 岁考入中国科技大学少年班，之后又提前考取了中国科学院物理研究所的天才少年，他的秘诀是"追老师"，也就是让自己的思路时刻追着老师的话走。老师讲到哪里，他就想到哪里，绝不能让笔记耽误太多心神。一时听不懂，马上记下来，课后再去问老师。他说："珠子穿成串才好看，学知识也是这样。课堂上，老师讲课是一环扣一环的。有一环不注意，没听懂，就影响下一环，那么课后花双倍的时间也难以补上。所以，在课堂上思想要高度集中，让自己的思路跟着老师的讲课内容转。

如果上课时不好好听课，而把加倍的时间和精力用在课后复习、做作业上，使学习处于穷于应付的被动局面，那是直路不走走弯路，自找苦吃。"

做到以上两点，就能确保形成真正意义上的学习能力吗？未必。就能破解李约瑟难题吗？就能回答钱学森之问吗？更未必。想离这个答案更近一些，还需要我们亲自去寻觅、去经历。但不做到以上两点，一切都是空谈。它们只是路牌而已，但是在你具备真正走出来的能力之前，路牌还是需要的。

3. 找到自己的学习特点

《礼记·学记》中讲，"人之学也，或失则多，或失则寡，或失则易"，翻译成现代文就是说：人们的学习态度各有不同，有的人贪多求快，囫囵吞枣；有的人蜻蜓点水，浅尝辄止；有的人专找捷径，急于求成。学习是没有捷径可言的，所谓"书山有路勤为径，学海无涯苦作舟"，不过，学习总有个适用性问题。以动物为例，你可以训练黑熊骑自行车、训练山羊走钢丝、训练老虎钻火圈，但绝对不能训练它们说话。但如果你的训练对象是一只鹦鹉或巴哥，说话很难吗？

学习也是这样，有的人天生小脑不发达，不能就此便不去做相应的学习与训练了，毕竟熟能生巧，后天勤奋可以补充先天不足，但想在相应的领域做出惊人的成就，就很难了。

两千多年前，孔子就提出了"因材施教"的理念。两千多年后的今天，依然有人、有教育机构无视这一朴素真理。这就造成了很多人、很多时候都在用错误的方式学习，给后进者的建议也没什么价值。关于如何学习，我们很多时候都在自以为是，所谓的方法其实都建立在直觉与盲信之上，禁不起实际生活的检验，也不符合科学真理。

所谓"尺有所短，寸有所长"，在社会细分、行业细分、学术细分的今天，学习的关键在于扬长避短，发展自己的优势。下面，我们就来做一个立足于科学研究的趣味心理测验，它能帮我们尽快找到自己的优势，以及适合自己的学习领域与学习方式，然后，才谈得上努力，并巩固自己的优势。

◆请在符合自己智能表现的项目后面打"√"，然后统计这种智能类型的符合项数。

1. 语言智能：有关阅读、说话、写作、写字的能力。（总分：）

（1）我的写作能力比同龄人要好一些。（　　）

（2）我常讲故事给别人听。（　　）

（3）大家都爱听我说笑话。（　　）

（4）我很快就能记住人名、地点、日期和发生的事情。（　　）

（5）我喜欢玩文字接龙、猜谜语游戏或填字游戏。（　　）

（6）我喜欢看书。（　　）

（7）我不会写错字。（　　）

（8）我喜欢绕口令、俏皮话、双关语或儿歌。（　　）

（9）我爱听故事、相声或广播节目。（　　）

（10）我所用的说话词语，超过同龄人。（　　）

（11）我很会用语言和别人沟通。（　　）

（12）我很会编故事。（　　）

（13）我写过一些文章，能得到他人的注意和赞赏，这使我很自豪。（　　）

（14）我能说服别人同意我的想法。（　　）

（15）在学校，语文、历史对我来说比数理化容易。（　　）

2.逻辑数学智能：有关自然科学、数学的能力。（总分：　）

（1）我常问一些关于做事程序或怎么做的问题。（　　）

（2）我的心算能力很好。（　　）

（3）我喜欢数学课或自然课。（　　）

（4）我对数学游戏或电脑感兴趣。（　　）

（5）我爱玩象棋或其他策略游戏。（　　）

（6）我喜欢做一些逻辑推理或智力挑战的难题。（　　）

（7）我喜欢把事物分类或分等级。（　　）

（8）我喜欢做高难度的实验或过程复杂的思考。（　　）

（9）我比同龄人更会进行抽象思考。（　　）

（10）我比同龄人了解事物的因果关系。（　　）

（11）我喜欢对事物提出假设，再想办法证明对不对。（　　）

（12）我喜欢玩与逻辑有关的游戏或智力测验。（　　）

（13）我对被测量、归类、分析、确定过的事物比较容易相信。（　　）

（14）我喜欢寻找事物的规律、形式及逻辑顺序。（　　）

（15）我崇拜很多科学家。（　　）

3.视觉空间智能：有关美术、劳作、雕塑的能力。（总分：　）

（1）当我闭上眼睛时，我可以在脑子里想象出清晰的影像。（　　）

（2）我喜欢看有很多图解的阅读材料。（　　）

（3）我喜欢图画、劳作或雕塑。（　　）

（4）在美术的学习上，我比同龄人表现得更好。（　　）

（5）我爱看电影。（　　）

（6）我喜欢玩拼图、走迷宫。（　　）

（7）我爱玩积木，或者有趣的立体模型。（　　）

（8）我爱看美术作品。（　　）

（9）我喜欢随手涂画，拿笔画画。（　　）

（10）我常用照相机或录象机拍下我周围的事物。（　　）

（11）我能在脑子里想像各种可能的新事物。（　　）

（12）在学校，几何对我来说比代数容易。（　　）

（13）我认识道路的能力很棒，即使在陌生的地方也很容易找到路。（　　）

（14）我能用简单的图，说明去某一个地点要怎么走。（　　）

（15）我能适当地搭配颜色，让人觉得好看。（　　）

4.身体运动智能：有关运动、舞蹈、戏剧、操作的能力。（总分：　　）

（1）我能用脸部表情和手部动作代替说话，表达我的想法。（　　）

（2）我喜欢参加体育活动，喜欢进行体育练习。（　　）

（3）我坐不了多久，就想起来活动。（　　）

（4）我喜欢缝纫、编制、雕刻、木工或做模型等需要动手的活动。（　　）

（5）我喜欢拆开物品或组装物品。（　　）

（6）学习新事物时，我常利用触摸、操作的方法。（　　）

（7）我喜欢跳舞。（　　）

（8）我喜欢演戏。（　　）

（9）我的动作比同龄人更协调。（　　）

（10）我的身体协调能力比同龄人更好。（　　）

（11）我喜欢不断练习，让自己跑得更快、跳得更高。（　　）

（12）动手做能让我学得更快、更好。（　　）

（13）我最好的想法常出现在我走路、跑步或做一些肢体活动时。（　　）

（14）我常喜欢在户外活动。（　　）

（15）我与人谈话时，常用手势或肢体语言。（　　）

5. 音乐智能：有关唱歌、演奏、填词、作曲的能力。（总分：　　）

（1）我能听出别人唱歌唱得不准。（　　）

（2）我的歌声很好听。（　　）

（3）如果我听一曲音乐一遍到两遍，一般能准确地唱出来。（　　）

（4）我会弹奏一种乐器。（　　）

（5）我参加过或者正在参加一种音乐团体，如节奏乐、合唱团。（　　）

（6）我能跟着音乐，拍打正确的节奏。（　　）

（7）我喜欢听音乐。（　　）

（8）我走路的时候，脑子里会自然出现某种我熟悉的旋律。（　　）

（9）我喜欢自编旋律。（　　）

（10）我喜欢改编歌词。（　　）

（11）我能辨别不同音乐所表达的情绪。（　　）

（12）我经常在写作业或走路的时候，哼唱熟悉的曲子。（   ）

（13）我对生活环境中的声音很敏感。（   ）

（14）如果没有音乐，我的生活很无聊。（   ）

（15）我知道很多歌曲和乐曲的旋律。（   ）

6. 人际交往智能：有关了解别人、与人相处、交朋友的能力。（总分：   ）

（1）我常带领一些同学一起玩游戏。（   ）

（2）我喜欢和别人一起运动，例如打篮球、打羽毛球、打棒球。（   ）

（3）我碰到问题会找朋友提建议。（   ）

（4）我有两三个最要好的朋友。（   ）

（5）我周围的人都很愿意向我征求意见和建议。（   ）

（6）我能从脸部表情察觉别人是不是喜欢我。（   ）

（7）我能从声音察觉别人是不是喜欢我。（   ）

（8）我能从声音或手的动作，判断别人是不是在攻击。（   ）

（9）碰到问题时，我愿意先主动找别人帮忙而不先试图自己解决。（   ）

（10）我会关心别人的心情好不好。（   ）

（11）当别人反对我时，我会考虑他为什么会这样做。（   ）

（12）我在人群中感到很舒服。（   ）

（13）我喜欢参加单位、地区的社会活动。（   ）

（14）我喜欢参加单位聚会而不愿一人呆在家里。（   ）

7. 内省智能：有关沉思、反省、了解自己的能力。（总分：   ）

（1）我常常静下来，想一想自己所遇到的问题。（　　）

（2）我可以一个人独自玩耍或学习。（　　）

（3）我从各种反馈渠道中，清楚了解我的优缺点。（　　）

（4）我喜欢独自工作，而不是和别人合作。（　　）

（5）我清楚的知道自己喜欢什么，不喜欢什么。（　　）

（6）我清楚的了解自己快要发脾气了。（　　）

（7）我清楚地了解自己的兴趣和嗜好。（　　）

（8）我能正确说出自己的感觉。（　　）

（9）我不做自己完成不了的事。（　　）

（10）我按照自己的标准完成工作。（　　）

（11）我确定自己是一个有价值的人。（　　）

（12）我的个性独立、意志坚强，不依赖别人。（　　）

（13）我每天都记日记或静静的反省自己做过的事。（　　）

（14）我喜欢接近大自然，不喜欢热闹的人群。（　　）

（15）我经常思考我的重要人生目标。（　　）

8. 自然观察智能：有关自然现象、天文地理、动物植物的观察能力。（总分：　　）

（1）我能够根据天文现象判断天气状况。

（2）我能根据植物的生长情况判断地理方位。

（3）我喜欢与植物和花花草草接触。

（4）我能够说出 5 种以上的树木花草的名字以及其习性。

（5）我曾经种过或正在养花草等植物。

（6）我喜欢搜集石头、叶子、动物标本等自然物品。

（7）我对自然现象有高度的兴趣，如闪电、日食、星星等。

（8）我喜欢观察天气现象，并能根据基本现象判断天气状况。

◆根据自己回答的情况进行统计，记录上面测试中你的每一种智能类型的符合项数，通常来说，在以上8个智能板块中，哪个符合项数较高，就说明你的相应智能占据优势，就比较适合进行与之相关的学习和工作。

4. 九型人格，九种方法

大千世界，芸芸众生。如同世上没有两片相同的叶子，我们每个人都是单独的个体。在面对同一件事情时，每个人的反应都不同，楚汉相争，为什么刘邦能一统天下，而项羽却乌江自刎？大敌当前，为什么文天祥宁死不屈，秦桧却卖国求荣？同样是才华横溢，为什么毕加索一举成名，梵高却郁郁而终？……太多的为什么，让我们不得不联想到性格。

性格又称人格、气质。正是因为性格的不同，导致了选择的不同、行为的不同，进而导致命运的不同。毫无疑问，如果能清醒地认知自己的人格类型，并做到扬长避短，势必也会从学习、工作、生活等多个方面影响我们的人生。

基于此，心理学家们在反复实践的基础上，提出了九型人格理论。它将世界上的人分为九种人格类型，每一种人格类型都是建立在不同的感知类型上，每一种人格类型都各有优缺点。了解了九型人格，特别是自己的性格特征，学习方面势必事半功倍。

通常来说，九型人格具体可划分为完美主义者、奉献者、成就型、艺术型、研究者、实干家、乐天派、统率者与调停者，具体细节与相适应的学习方法分别如下：

1. 完美主义者

他们拥有一张严肃而认真的脸，表情总是很凝重，对待一顿饭的态度也像对待一场外交活动一样。他们总是希望得到别人的肯定，害怕出现任何差错，他们对待工作和生活的态度永远是精益求精，追求至善至美。如果他是一名员工，他是最努力、最有责任心的那一个，领导可以放心地把各项任务交给他。他也是一个不折不扣的工作狂，对于消极怠工的人，他总是很生气。如果他是一名领导，他喜欢事无巨细的管理风格，他崇尚"没有规矩就不成方圆"的道理。他处处以身作则，对下属要求极高，一旦下属的工作出现差错，他会忍不住大发雷霆。完美主义型的管理者容易对下属求全责备，易给周围人造成压力。

在学习上，完美主义者容易视野狭窄，掉进细节里。所以不要被过去的知识、问题、教科书和数据束缚，要多接触新知识、新信息。如果是选志愿，不能仅看网页或宣传册，要去实地看看。找工作也是这样，要实地了解一下企业的本质以及企业的工作氛围。完美主义者要想提升自己，需要找一个教练或导师在前面领跑，时间会告诉他们什么才是最重要的，直到他们不再凡事要求完美。

2. 奉献者

奉献者的特点是喜欢为别人服务，有强烈的同情心，对谁都很友好，有"给所有的人发糖果"的慷慨之气。为了得到父母的奖励，他们做乖宝宝；为了让老师赞赏，他们成了好学生；为了伴侣的开心，他们又总是想尽办法讨好对方。

在学习上，他们是绝对不会藏私的人，并且乐意帮助他人学习，共同进步。结合我们前面讲过的"费曼技巧"，奉献者应该找一个学习伙伴，自己先掌握，然后教对方。如果对方恰好也是个奉献者，那将是最好的组合，因为他们都喜欢教，而且都很擅长学习，结果就是双方的知识都掌握得很牢固。

3. 成就型

他们的竞争意识很强，常常会为了功成名就，制订最高的目标。他们充满活力，即使面对一些小困难。一定程度上说，这是最好的学生类型，他们不会添这样那样的麻烦，他们只会朝着自己的目标不断努力，最后达到理想的结果。他们不依赖教练和同伴，大家都不学了他们还在学，即使独自学习也能维持动力。但是，如果不出成果，他们的干劲也会下降，因为看不到功成名就的希望。最好的办法就是在学习之前设定很多短期目标，让他们不断地短跑，只要让他们达成几个简单的目标，其学习热情就会燃烧起来。

4. 艺术型

艺术型的人浪漫且细腻，感情丰富，拥有独特的品味和价值观，对常识和社会规则漠不关心。他们最害怕循规蹈矩，只要有条件，就不会勉强自己做自己不喜欢做的事情，他们总是倾向于做自己感兴趣的事。学习也是这样，他们不认为考大学有多重要，名牌大学有多么了不起。他们需要一个具备艺术思维的、能够迂回曲折的引导他们的师长，让他们意识到"如果达到这个目标（如考上大学）会怎么样"，才能激发他们的干劲。一旦他们的干劲被激发，他们骨子里的疯狂探索精神就会被调动起来，从而集中超常的注意力，焕发精神。

5. 研究者

研究者类型的人好奇心旺盛，对自己喜欢的事情会刨根究底，具有独立探索精神。他们的头脑普遍较好，但没有兴趣与别人分享，不太擅长团队协作。他们的问题不是不喜欢学习，而是太喜欢学习，但缺乏对学习方法的思考。他们相信术业要专攻，成绩离不开用功，因此会埋头于学问，有时候会显得有些奇葩，包括他们的研究领域。他们是另一种形式的艺术家，所以，学习上也要有个具体目标来调动积极性才行，不然很有可能偏科，且严重偏离教学大纲。

6. 实干家

这一类的人的特点是沉稳慎重，孜孜不倦，尊重规则，注重积累，但是不擅长处理风险，一旦遇到预想之外的事情，信心容易动摇。他们在学习上也不喜欢变化，但是这也未必都是坏事，很多历史事件、地理位置、公理公式都是不变的，让他们用心去掌握就好。在此基础上，再刻意安排一些富有挑战性的事情和科目，培养他们尝试变化以及睿智取舍的能力。

7. 乐天派

他们的特点是永远都及时享乐，他们通常情况下都是众人的开心果，但在学习与工作方面容易让人伤心。因为他们惧怕承诺，害怕承担责任，也没有定力与耐性，常常会半途而废，喜欢逃避。对待这种人，最重要的一招是去补习班、教室或人多的地方集中学习，制造一种不得不学习的环境，让氛围带动他学习，而不是独修、独处、独自学习。

8. 统率者

他们是天生的领导人，擅长管理人，也值得依赖，即使在逆境中，也拥有不可动摇的自信和开疆辟土的魄力。但在取得学习成就前，他们很讨厌被人命令或指点，有明显的反感情绪，不太好对付。一些聪明的老师会让这样的学生做班长，或者随便担任个"小职务"，并告诉他，你是班干部，学习上不去可不行！这时候，他们的积极性通常都不会太低，还能总结出很多适合自己的学习方法，并影响他人。正义也是他们的主要特征，他们喜欢挺身而出，帮助弱小者。

9. 调停者

这种人总是给人没干劲，没动力的印象，甚至会让老师和父母认为"这孩子不行"，其实他们不是不行，只是缺一点儿挑战精神，不擅长给自己设定目标然后去努力而已。他们需要一个能给自己合适的指导的教练或导师，帮他们设定目标、确立方法、唤起干劲。

那又如何确认自己属于九型人格中的哪一型呢？

下面是108道题，凭感觉选择，在对的结尾打√，哪个类型的√最多，你就是哪一型。注意在判断时先遮住后面的数字，那是正确答案。另外不要反复权衡，因为每一种性格都有好有坏。

1. 我很容易迷惑。（ ）   9

2. 我不想成为一个喜欢批评别人的人，但很难做到。（ ） 1

3. 我喜欢研究宇宙的道理、哲理。（ ）   5

4. 我很在意自己是否年轻，因为那是找乐子的本钱。（ ） 7

5. 我喜欢独立自主，一切都靠自己。（ ）   8

6. 当我有困难时，我会试着不让人知道。（ ）   2

7. 被人误解对我而言是一件十分痛苦的事。（ ）   4

8. 施比受给我更大的满足感。（ ）   2

9. 我常常设想最糟的结果而使自己陷入苦恼中。（ ） 6

10. 我常常试探或考验朋友、伴侣的忠诚。（ ）   6

11. 我看不起那些不像我一样坚强的人，有时我会用种种方式羞辱他们。（ ）   8

12. 身体上的舒适对我非常重要。（ ）   9

13. 我能触碰生活中的悲伤和不幸。（ ）   4

14. 别人不能完成他的分内事，会令我失望和愤怒。（ ） 1

15. 我时常拖延问题，不去解决。（ ）   9

16. 我喜欢戏剧性、多彩多姿的生活。（ ）   7

17. 我认为自己的性格非常的不完善。（ ）   4

18. 我对感官的需求特别强烈，喜欢美食、服装，并纵情享乐。（ ）   7

19. 当别人请教我一些问题时，我会巨细无遗地给他分析得很清楚。（ ）   5

20. 我习惯推销自己，从不觉得难为情。（ ）   3

21. 有时我会放纵和做出僭越的事。（　） 7

22. 帮助不到别人会让我觉得痛苦。（　） 2

23. 我不喜欢人家问我广泛、笼统的问题。（　） 5

24. 在某方面我有放纵的倾向（例如食物、药物等）。（　） 8

25. 我宁愿适应别人，包括我的伴侣，也不会反抗他们。（　） 9

26. 我最不喜欢的一件事就是虚伪。（　） 6

27. 我知错能改，但由于执著好强，周围的人还是感觉到压力。（　） 8

28. 我常觉得很多事情都很好玩，很有趣，人生真是快乐。（　） 7

29. 我有时很欣赏自己，充满自信，有时却又优柔寡断，依赖别人。（　） 6

30. 我习惯付出多于接受。（　） 2

31. 面对威胁时，我一边变得焦虑，一边对抗迎面而来的危险。（　） 6

32. 我通常是等别人来接近我，而不是我去接近他们。（　） 5

33. 我喜欢当主角，希望得到大家的注意。（　） 3

34. 别人批评我，我也不会回应和辩解，因为我不想发生任何争执与冲突。（　） 9

35. 我有时期待别人的指导，有时却忽略别人的忠告径直去做我想做的事。（　） 6

36. 我经常忘记自己的需要。（　） 9

37. 在重大危机中，我通常能克服我对自己的质疑和内心的焦虑。（　） 6

38. 我是一个天生的推销员，说服别人对我来说是一件轻易的事。（　） 3

39. 我不会相信一个我一直都无法了解的人。（　） 9

40. 我喜欢依惯例行事，不大喜欢改变。（ ）　　　　8

41. 我很在乎家人，在家中表现得忠诚和包容。（ ）　　9

42. 我被动而优柔寡断。（ ）　　　　　　　　　　　5

43. 我很有包容力，彬彬有礼，但跟人的感情不深，互动不多。（ ）5

44. 我沉默寡言，好像不会关心别人似的。（ ）　　　8

45. 当沉浸在工作或我擅长的领域时，别人会觉得我冷酷无情。（ ）　　　　　　　　　　　　　　　　　6

46. 我常常保持警觉。（ ）　　　　　　　　　　　　6

47. 我不喜欢要对人尽义务的感觉。（ ）　　　　　　5

48. 如果不能完美地表现，我宁愿不说。（ ）　　　　5

49. 我的计划比我实际完成的还要多。（ ）　　　　　7

50. 我野心勃勃，喜欢挑战和登上高峰的经验。（ ）　8

51. 我倾向于独断专行并自己解决问题。（ ）　　　　5

52. 我很多时候感到被遗弃。（ ）　　　　　　　　　4

53. 我常常表现得十分忧郁的样子，充满痛苦而且内向。（ ）4

54. 初见陌生人时，我会表现得很冷漠、高傲。（ ）　4

55. 我的面部表情严肃而生硬。（ ）　　　　　　　　1

56. 我情绪飘忽不定，常常不知自己下一刻想要做什么。（ ）4

57. 我常对自己挑剔，期望不断改善自己的缺点，以成为一个完美的人。（ ）　　　　　　　　　　　　　　1

58. 我感受特别深刻，并怀疑那些总是很快乐的人。（ ）　4

59. 我做事有效率，也会找捷径，模仿力特强。（ ）　3

60. 我讲理、重实用。（ ）　　　　　　　　　　　　1

61. 我有很强的创造天分和想象力，喜欢将事情重新整合。（ ）　　　　　　　　　　　　　　　　　　　4

62. 我不要求得到很多的注意力。（ ）　　　　　　　9

63. 我喜欢每件事都井然有序，但别人会认为我过分执著。（ ）1

64. 我渴望拥有完美的心灵伴侣。（　）　　　　　　　4

65. 我常夸耀自己，对自己的能力十分有信心。（　）　3

66. 如果周遭的人行为太过分时，我准会让他难堪。（　）　8

67. 我外向、精力充沛，喜欢不断追求成就，这使我的自我感觉良好。（　）　　　　　　　　　　　　　　　3

68. 我是一位忠实的朋友和伙伴。（　）　　　　　　　6

69. 我知道如何让别人喜欢我。（　）　　　　　　　　2

70. 我很少看到别人的功劳和优点。（　）　　　　　　3

71. 我很容易知道别人的功劳和优点。（　）　　　　　2

72. 我嫉妒心强，喜欢跟别人比较。（　）　　　　　　3

73. 我对别人做的事总是不放心，批评一番后，自己会动手再做。（　）　　　　　　　　　　　　　　　　1

74. 别人会说我常戴着面具做人。（　）　　　　　　　3

75. 有时我会激怒对方，引起争吵，其实是想试探对方爱不爱我。（　）　　　　　　　　　　　　　　　　6

76. 我会极力保护我所爱的人。（　）　　　　　　　　8

77. 我常常刻意保持兴奋的情绪。（　）　　　　　　　3

78. 我只喜欢与有趣的人为友，懒得交往沉闷的人，即使他们很有深度。（　）　　　　　　　　　　　　　7

79. 我常往外跑，四处帮助别人。（　）　　　　　　　3

80. 有时我会为求效率而牺牲完美和原则。（　）　　　1

81. 我似乎不太懂得幽默，没有弹性。（　）　　　　　2

82. 我待人热情而有耐性。（　）　　　　　　　　　　5

83. 在人群中我时常感到害羞和不安。（　）　　　　　8

84. 我喜欢效率，讨厌拖泥带水。（　）　　　　　　　2

85. 帮助别人达到快乐和成功是我重要的成就。（　）　2

86. 付出时，别人若不欣然接纳，我便会有挫折感。（　）　1

87. 我的肢体硬邦邦的，不习惯别人热情地付出。（　）　　1

88. 我对大部分的社交集会不太感兴趣，除非那是我熟识喜爱的人。（　）　　5

89. 很多时候我会有强烈的寂寞感。（　）　　2

90. 人们很乐意向我倾诉他们所遭遇的问题。（　）　　2

91. 我不但不会说甜言蜜语，别人还会觉得我唠叨不停。（　）　　1

92. 我常担心自由被剥夺，因此不爱作承诺。（　）　　7

93. 我喜欢告诉别人我所做的事和所知的一切。（　）　　3

94. 我很容易认同别人所做的事和所知的一切。（　）　　9

95. 我要求光明正大，为此不惜与人发生冲突。（　）　　8

96. 我很有正义感，有时会支持不利的一方。（　）　　8

97. 我因注重小节而效率不高。（　）　　1

98. 我经常感到沮丧和麻木更多于愤怒。（　）　　9

99. 我不喜欢那些侵略性强或过于情绪化的人。（　）　　5

100. 我非常情绪化，一天的喜怒哀乐多变。（　）　　4

101. 我不想别人知道我的感受与想法，除非我告诉他们。（　）5

102. 我喜欢刺激和紧张的关系，而不是稳定和依赖的关系。（　）　　1

103. 我很少用心去听别人的谈话，只喜欢说俏皮话和笑话。（　）　　7

104. 我是循规蹈矩的人，秩序对我十分有意义。（　）　　1

105. 我很难找到一种我真正感到被爱的关系。（　）　　4

106. 假如我想结束一段关系，我会直接告诉对方或者激怒他让他离开。（　）　　1

107. 我温和平静，不自夸，不爱与人竞争。（　）　　9

108. 我有时善良可爱，有时又粗野暴躁，很难捉摸。（　）9

5. 别在某些领域浪费时间

人这一生不免走些弯路，无论你一事无成还是功成名就，所有人的道路都不可能是笔直的，走弯路也并不是无可救药，重要的是不要在弯路上浪费太多的时间。

学习也是这样，如果你偏离了自己应该前往的那个方向，那么即便我们很努力，也往往收效甚微。反之，成长会相对迅速，成功会相对容易。

比如很多年前，有个中国青年农民，他为了实现自己当作家的夙愿，十年如一日的坚持写作，但始终没有一篇文章被报刊采纳，而且连一封退稿信都没有收到过。29 岁那年，他总算收到了第一封退稿信。那位编辑在信中写道："看得出你是一个很努力的青年，但我不得不遗憾地告诉你，你的知识面过于狭窄，生活经历也显得过于苍白。但我从你多年的来稿中发现，你的钢笔字越来越出色……"就是这封退稿信，点醒了他的困惑。他毅然放弃写作，转而练起了书法，果然长进很快。现在，他已是有名的硬笔书法家，他的名字叫张文举。成功之后的他向记者感叹："一个人要想成功，理想、勇气、毅力固然重要，但更重要的是，在人生路上要懂得舍弃，更要懂得转弯！"

对学习者来说，最大的障碍是什么？不是前途艰难，千般磨难，而是内心的执迷。这种执迷有时候会深深地藏在人性中，毕竟让人放弃某些领域等于让人暴露自己在某个领域的无能，这是件非常残酷的事情。我们小时候都面临过相似经历，要表演节目或者参加竞赛时，通常都要选一选，选上的就会有荣誉感，选不上的就不免失落。不过应该感谢这种清晰可见的失落，毕竟在现实中，如此直接的能力评判是不会出现的。很多时候，用人单位不会直接拒绝你，合作单位也不会直接拒绝你，他们只会委婉地告诉你，回去等消息。但你自己明白，看来是没戏了。这时候，我们通常会抓紧时间去找下一家，因为我们等不起，也不必等。万一我们想错了，等他们通知你的时候，多一个选项，也没什么不好。

有些施工标志牌写的好："前方施工，请绕行！"喜悦每每出现在生命转弯的地方。人转弯，事情才有转机。不看清所处的环境和形势，一味用功，受伤害的只能是自己。前面可能确实没有路了，施工结束后可能也不适合你走，那么又何必非得走这条路？我们总有路，总有适合自己的路。

别在某些领域浪费时间，那些你天生就不擅长的事情，你努力学习也只能做到一般水平，而在这个竞争日趋激烈的世界，你必须有真知与高水平才行。著名漫画家朱德庸说过："我相信，人和动物是一样的，每个人都有自己的天赋。比如老虎有锋利的牙齿，兔子有高超的奔跑、弹跳能力，所以它们能在大自然中生存下来。人也是一样的，不过很多人在成长过程中把自己的天赋忘了，就像有的人被迫当了医生，他可能是怕血的，那他不会快乐，更不会成功。人们都希望成为'老虎'，但很多人只能成为'兔子'，久而久之就成了'四不象'。我们为什么放着很优秀的兔子不当，非得要当很烂的老虎呢？社会就是这么奇怪，本来兔子有兔子的本能，狮子有狮子的本能，但是社会强迫所有的人都去做'狮子'，结果出来一大批烂'狮子'。我还好，天赋或者说本能没有被掐死。"

别在某些领域浪费时间，包括那些不适合你的领域，也包括那些看上去很适合你的领域。比如我们在上一节中提到过"人际交往智能"，即有关了解别人、与人相处、交朋友的能力，有些人就特别想通过增强自己这方面的能力来改变命运。其实这种能力固然很重要，但也不要天天想着交朋友。去看看现在的书店里什么书卖得最畅销？肯定是各种人际社交关系学，从职场到商场，从人情到人脉，使得很多年轻人都产生了一个误区，认为人脉就是认识人，其实认识人不等于人脉，认识就是认识而已，有些人一转身就把你的名片扔进了垃圾筒，因为你对他来说没有价值。当你说到人情与人脉的时候，你要知道它们都是建立在价值基础之上的，别人愿意和你有联系、有关系，那你必须具备相匹配的价值。没有价值，谈人脉毫无意义，所以别再花费太多的时间在无效社交上，与其如此，不如先把自己打造得有价值一些。

还有不少人，喜欢从个人爱好出发，没错，我们是说过，兴趣爱好是最好的老师，但不包括那种过于泛滥的、基于普遍人性的爱好。如果从学习与成长的角度来划分，爱好可以分成两种：输入型与输出型。总的来说，输入型少碰为好，输出型多多益善。

为什么？

看看输入型爱好都包括什么就知道了：美食、电影、音乐、旅行、读书等。很明显，这类爱好娱乐的性质更多，通常没有任何创造力可言。比如喜欢音乐的人，大多都是喜欢听歌罢了。喜欢美食的人，大多数人只是喜欢吃而已。喜欢旅行的人，也就是到处走走、看看风景、拍拍照片、发个朋友圈什么的。这些爱好的共同特点，就是你完全可以不做深度的加工与任何再创造，就可以尽享其乐，所以对于大部分人来说，面对这些兴趣爱好没有抵抗力，除非他们能把这些玩物丧志的东西玩到很高的境界，不然，就只是一个粉丝经济时代的粉丝而已。

大部分人的爱好都是输入型爱好，但有少部分人的输入型爱好能够转化成输出型爱好。比如喜欢美食的人，在了解各地的美食特色后，不光会停留在口腹之欲上，还可以写品鉴攻略，在自媒体上发推文，这就是从输入型爱好向输出型爱好的转化，也是吃货与美食家的区别。

而输出型爱好的特点，就是培养起来相对更难，培养出来更具创造性。以写作为例，一个人固然可以从美食方面的品鉴写起，把它当起点，但有哪个大作家，一辈子只写美食的？这个特殊的输出型爱好，要求你必须不断输入，多读书、多观察、多学习，才有可能写出更多、更好的作品。要选材、要策划、要拟题、要构思、要修改、要润色、要一改再改，才能完成一部相对满意的作品。请注意，这里说的是"相对满意"，如果是经典的话，还不知要修改到什么程度。如果只看效益，只从经济学角度考虑，这无疑是浪费时间，也浪费资源。有那时间，能写好多水文、网文、小白文了，能赚好多点击率了。但是站在更长远的角度看，有些人是在浪费他们的人生。

6. 街头智慧、创业精神与成分智力

什么叫街头智慧？

简单来说，它是一种实践型智力，是我们适应日常生活的能力，它让我们明白在具体环境下需要做些什么，并付诸行动。

什么又叫创业精神？

它是相对街头智慧而言的。如果说街头智慧就是在大街上摆摊谋生，那么创业精神就是在写字楼里综合应用复杂的知识与技能谋划未来。

在美国心理学家、认知心理学家斯滕伯格的智力三元理论中，街头智慧属于实践型智力，创业精神属于创新型智力，此外还有一个分析型智力，也叫成分智力，指个人运用知识分析资料，通过思维、判断推理以达到解决问题的能力。之所以把它放在最后说，

是因为它是一种基础能力，人人具备，只是好坏优劣的差别。

围绕着成分智力，斯滕伯格的智力三元论又可划分为成分智力、经验智力与情境智力。其中经验智力对应的就是实践型智力，情境智力对应的则是创新型智力。

举例来说，一个原始人，他刚生下来时，基本上不具备任何智慧，只有一些本能。但是在父母或他人的教导下，他逐渐有了成分智力，有了基本的分析归类能力，比如香蕉与苹果都是吃的，都可以填饱肚子等。与此同时，经验智力便随之而来，通常来说，有经验智力的人会比没经验智力的人更有效地适应环境，例如，同样是看到香蕉，没经验的原始人只知道它好像能吃，有经验的原始人不仅知道它能吃，还知道应该扒了皮再吃。而情境智力，则能更好的帮助原始人适应更加复杂的环境，比如区分有毒与无毒的植物，驱赶并困住食草动物，乃至驯化它们。

斯滕伯格研究发现，东非的肯尼亚人在日常生活中经常会用到草药，学校不会教授这类知识，也不会有相关的考试，但能够辨认草药且知道对症下药与服药剂量的孩子，明显比那些不具备这类知识的孩子更能适应他们的环境。可是一旦拿学校里的正式科目来考他们，其成绩又大多不如那些完全不懂得草药学或只知道一知半解的孩子。谁比较愚笨一些？谁比较聪明一些？只能说，那些精通草药的孩子之所以精通草药，是因为他们的家庭更重视实践型知识，或者说他们不得不重视，因为家庭贫困，生了病只能依赖草药；而另外一些家庭因为比较富有，在面对疾病与健康问题时有更多选择，因而更重视对学校中知识的学习。

说来很搞笑，斯滕伯格本人上学时，也常因为智力测验不及格而备感困惑，所以他才矢志研究人类的创造性、思维方式和学习方式，提出了大量富有创造性的理论。他的三元智力论很好地回答了自己当年的困惑："因为传统智力测验所测的智商只是智力三元论中的成分智力，而不包括经验智力与情境智力。"

也就是说，不管你喜不喜欢测验与考试，如果你想考好并取得高分，你就得在自己的成分智力上多下苦功。

说具体点，除了多练习、多思考之外，核心就是积累某个领域内的海量的知识，包括陈述性的，也包括情境性的，深的浅的，长的短的，一本正经的，嬉笑怒骂的……在此基础上，再做知识领域的拓展，但还是要以最初的领域为核心，要始终让外围为核心服务，让核心为自己服务。根据我的观察，在任何领域有所成就的人，都做到了这一点。

7. 八面受敌，化整为零

日本有位作家，他通过观察发现，成功人士在餐厅就餐时都有一个共同点，那就是拿到菜单后，不是按部就班地照单点菜，而是会提出一些意想不到的要求。如："能不能帮我把面条里的乌贼墨换成章鱼？"或者："我现在很想吃龙虾，能不能帮我加一点儿进去？"店家通常会说请稍等，然后和厨房商量，答案或者说"非常不好意思，现在我们没有龙虾"，或者是"有章鱼，可以为您准备"……

怎么看待这种行为呢？是有钱任性，还是挑剔？或许都有，但也不难发现，他们之所以成功，或许就在于他们没有被束缚在"必须选择菜单里的菜"的条框中。他们也不是故意找麻烦，而是因为他们的思考框架一直以来都是"改变—拓展—超越"，所以才会习惯性提出这样那样的要求。

学习也是这样，如果你总是习惯于按照传统的学习菜单去学习，那你就很难出色地完成学习任务，也不太可能收获惊喜。因为你从未想过把乌贼墨换成章鱼，或者加入些龙虾。

让我们看看苏轼是怎么做的吧。

作为中国历史上最顶尖的学霸之一，苏轼诗、文、书、画俱佳，而且知识渊博，过目成诵。但是，他少年时代也曾为学习而苦恼，直到他发明了"八面受敌"读书法。

所谓八面，是指一本书中包含的各个方面的内容，它可以是政治政策，也可以是典章制度，还可以是公理公式，苏轼把它们想象成八类敌人，分列于东、南、西、北、东南、东北、西南、西北八方，想一招平定天下是不行的，只能逐一击破。那好，你就带着目的去读书，越具体越好。比如这一次，你什么也不用管，只管对准南方的敌人—历史重要年份—开战，那就把相应的历史阶段所有重大的年份、年号与事件，逐个去搜集、整理、记忆就好，如果再配合相应的记忆诀窍，效果肯定会更好。再比如下一遍，你依旧不管其他，只管攻击北方的敌人——历代典章制度即可，这肯定比以往那种漫无目的的涉猎好很多。

苏轼曾专门把这个办法教给自己的侄女婿王庠，说一本好书就像广阔的知识海洋，不仅内容丰富，而且学问也很深。读一本好书，要尽量每次只带一个目标，或是朝着一个方面的问题去深度探索，直至完全弄懂。这就像打仗一样，把敌人化整为零，各个击破。不然，就只能慨叹书中虽然到处都是知识，但却无从下手，最后一无所得。他还以自己为例，说自己就是这样读《汉书》的：第一遍学习"治世之道"，第二遍学习"用兵之法"，第三遍研究人物和官制。数遍之后，苏轼对《汉书》多方面的内容便熟识了。

不仅如此，他还曾经三抄《汉书》。一天，有位朋友去看他，问他在做什么，苏轼答："我正在抄《汉书》。"客人很不理解，你公认的天赋好，还用得着抄书吗？苏轼说："当然，不过我抄书有我自己的方法。第一遍，我每段只抄三个字，第二遍每段抄两个字，现在是第三遍，每段只需抄一个字。"其实，苏轼不仅三抄《汉书》，其他的史书如《史记》等，他也曾这样一遍又一遍地抄写，并且给自己这种方法起了个名字，叫"愚钝三法"。

　　正像苏轼说的，方法虽然愚钝，但是非常有效。有效到什么程度呢？有一次，苏轼问他的同乡，有着"小东坡"之称的才子唐庚："最近在读什么书？"唐庚说："《晋书》。"然后咣咣咣地讲起来，苏轼突然插入一句："里面有什么好听的亭子的名称吗？"把唐庚给问蒙了，真答不出来，事后才领悟到，这是苏轼在教他读书之法，并大为感叹。说白了，只要你带着目的去读书，就知道自己想要的是什么，就可以对学习内容有所取舍，专注一道，聚焦一点，全力拿下。

　　这颇有点儿像努尔哈赤当年的战术，"凭你几路来，我只一路去"，任凭学习资料铺天盖地，我只盯着我想要的读。事实上，这也正是《孙子兵法》中的要点："我专而敌分。"学习从来都不容易，一直是场硬仗，但掌握了这种读书法，无异于掌握了学习战场上的制胜法宝。

8. 让你硕果累累的番茄学习法

　　工欲善其事，必先利其器。

　　没有方法的人，一件小事都能把他难住。有方法的人，恰如阿基米德所说："给我一个支点，我就能撬起整个地球！"学习也是这样，很多时候，所谓学习好，其实就是指学习方法好。但是反过来说，这些年方法论有些泛滥，什么时间管理法、工作技巧书、自我管理术、阅读宝典、思维导图、沟通秘籍、求职妙招、理财123、RIA读书法（R=Reading，阅读拆页，即阅读原文；I=Interpretation，讲解引导，用自己的话复述原文知识，以理解其内容；A=Appropriation，拆为己用，联系反思自己的相关经历，然后写出以后需要改进的行动。）……结果就是，很多人或一无所得，或收获甚微，只有少数人顿悟到，真正的好方法是不多的，而且，如果不找到根源——懒惰，并从根本上解决它，再好的方法也是虚妄。

懒惰为万恶之本，勤奋是最好的方法。市面上流行的各种学习方法，实际上都是那些学霸们在具体学习过程中总结出来并在后续学习中不断完善的。他们与普通人的区别在于：有方法，并且不懒。而普通人是因为懒惰，才去挖空心思寻找方法，谋求捷径的。因为懒，他们拿来就用，却很少反思自己生活中的经验、工作中的教训、读书时的收获、学习后的心得。因为懒，他们总是寄希望于快捷方法，却忘记了方法只是工具和手段，它只是个想法，要想改变自己、改变生活，最终靠的是行动、是落实，是上穷碧落下黄泉，动手动脚找东西。

有没有一种学习方法，切实有效并且能在不知不觉中培养人的身体力行精神呢？有，这就是番茄学习法。

番茄学习法也叫番茄工作法，它适用于人类生活的方方面面，并不局限于读书或工作，我们看看它的源头就知道了。它的发明人是弗朗西斯科·西里洛，1992年，他还在上大学，还是个为学习效率低下而苦恼的青年。他和自己打赌，不断地从意识深处给自己下猛药，并且狠狠地鄙视自己说："我能好好地学习一会儿吗？哪怕真正学上10分钟？"他想找个计时教练，替他掐表，后来从厨房里找了一个做饭用的计时器，形状像一只番茄，于是番茄成为了他的关键词，并成为了一个学习方法。

番茄学习法非常简单，上手也容易，只需要一个计时器。我在网上看到有人提问，哪里有番茄形状的计时器？这实在是一个没必要回答的问题。番茄学习法不一定需要番茄形的计时器，甚至不需要专门的计时器，毕竟现在不是 1992 年，人人都有手机，上面都有闹钟。

番茄学习法的要点，在于将我们百分之百的心智与精力专注在当下，不管过去，不想将来，只对准当下的一个"番茄"做功。所谓一个番茄，就是一个时间段，通常来说不宜超过 25 分钟，也不宜少于 20 分钟。当我们把所有精力都集中在一起阅读 25 分钟之后，我们就可以说完成了一个番茄。这时候要休息 5 分钟，不累也要强制休息，以便为下一个番茄积蓄能量。完成两个番茄后，休息要延长至 10 分钟或者更多，毕竟这种学习法非常耗费能量，但也正因为如此，它才可以非常有效。

如果有人在 25 分钟内打来电话怎么办？不去接，等把这个番茄做完再打回去。当然，最好的办法是在开始之前就把手机关掉，同时，还要提前上好厕所，喝好水等。总之，不要让任何事情在这一个番茄的时间内影响你、打扰你、分散你、削弱你。

有时候，没有人打扰，我们的思绪也会不由自主地游离出去。这完全正常，你只要保持觉察，发现自己的思绪游离出去了，那就赶紧把它拉回到当前任务中即可。毕竟只有 25 分钟，这对任何人来说都算不上挑战。如果你的思绪恰好游离到了一些重要的事情上，也不要中断你的番茄。先把它记下来，继续做你的番茄，做完再说。

番茄学习法的另一个好处，在于它能够使我们充分利用生活中的碎片时间，不断学习，不断提升自己。工作再忙的人，也不难在一早一晚抽出两个 20~25 分钟，完成两个番茄。另外，番茄学习法会在无意中颠覆我们对时间的依赖，它把抽象的时间变成了具体的连续的时间，至于怎么连续，完全看我们的灵活度。比如，你可以把很复杂的事情简单化，假设一本书或一个学习计划、工作计划的任务估值大于 5 个番茄，那就应该打散它。如果一个任务估值小于 1 个番茄，那就合并同类项。长此以往，你的思维模式也会大变样。

如果你是一个领导，它不仅能帮助你快速有序地提升自己，也可以更好地管理员工，你或者把他们当作番茄管理，强化"一个番茄一个坑"，也可以把工作量设计成相应的番茄，让他们有条不紊地完成一个又一个番茄。在此基础上，还可以给他们提供相应技能的、专业知识方面的番茄，让他们和自己一起进步，并从中选出值得刻意培养的番茄。

最后，让我们说说番茄这种植物。弗朗西斯科·西里洛当年并没有注意到这样一个事实，那就是所有的番茄，给人的第一印象都是果实累累，而我们采用番茄学习法学习与工作一段时间后，也会收获良多。记住不要贪多，每天都收获一两个番茄并坚持下去才是王道。

第四章

教你如何真正学习

学习到了一定程度，主要的目的就是实现融会贯通，区别只在于是实现真正意义上的还是相对意义上知识与智慧上的融会贯通。而阻碍我们实现融会贯通的，就是一个个知识阻塞。想继续往上走，想更上一层楼，就得有"结硬寨，打呆仗"的态度，才能打通相应的知识阻塞，打开向上走的通道。

1. 整体性学习与机械学习

很久以前，丹麦有一个学生，他的物理课学得特别好，每次测验都能得满分。

但有一次，他把所有问题都答对了，只有一道题，老师给了很低的分数。也就是说，他只是在一定程度上答对了这道题。

这道题目是："怎样用一个气压计测量建筑物的高度？"

学生的答案是："去建筑物的顶上，将气压计扔下来并开始计时，直到听到'砰'的一声，再通过重力加速度公式计算出建筑物的高度。"

出题者的本意是希望学生利用所学的气压知识计算建筑物的高度，但从学生的答案中看不出他懂气压知识，所以老师没给高分。学生不服，找到老师，对低分表示异议。老师说没问题，只要你能想出不同的办法来解答这个问题。

学生站在原地，稍稍思考，就给出了另一个答案："用气压计敲开建筑物主人的门，然后问他：'请问，建筑物的高度是多少？'"

老师没有笑，只是沉默了一会儿，问："你还有别的办法吗？"

学生说还有很多，比如用一根长线绑着气压计，通过线的长度测量高度；或者将线当作钟摆，通过钟摆的运动来计算建筑物的高度等。

老师最终决定，给这个学生满分。

为什么？不是因为这个学生名叫尼尔斯·玻尔，后来成了著名物理学家，获得了诺贝尔物理学奖，而是因为他不仅知道怎样得到答案，而且对问题的观察更为全面，不局限于所学的某个知识，他可以多角度地看待问题。这，就是我们要讲的整体性学习。

玻尔还留下了一个著名的段子：

他喜欢踢足球，上大学时就是哥本哈根大学足球俱乐部的明星守门员，但他习惯在足球场上一边心不在焉地守着球门，一边用粉笔在门框上排演公式。后来他成了科学家，仍不忘心爱的足球，业余时间常把踢足球当作休息，一来二去，居然还进了当时的丹麦足坛霸主 AB 俱乐部。玻尔还有个弟弟，叫哈那德·玻尔，也是科学家，并且是 AB 俱乐部的著名前锋。1908 年伦敦奥运会时，弟弟还代表丹麦队夺得了亚军，而哥哥只能候补，因为在此前迎战德国队的一场比赛中，德国人在外围远射，玻尔居然靠在门柱边，思考起数学题来！1922 年，已经与爱因斯坦成为一时瑜亮的玻尔，因为对量子力学做出巨大贡献荣获诺贝尔奖，终于赢了弟弟的奥运会银牌。当时的丹麦报纸马上报道说：著名足球运动员尼尔斯·玻尔被授予诺贝尔奖。

这段逸事有助于我们进一步理解什么叫整体性学习。站在这种全新的学习理念对立面的，是我们熟知的机械学习。你可以把我们的大脑想象成一台计算机，也就是俗称的电脑。电脑最让人惊叹的就是它的储存能力，计算机文档的本质，就是一系列记录在硬盘上的 0 和 1 的组合。如果我们有计算机一样的大脑，那么机械记忆就非常有效，学多少就能记多少，因为你要做的就是精确复制信息。可惜我们的大脑并不是计算机，所以机械记忆是一种低效的学习方法。反过来看，我们的大脑也远非计算机可比，大脑的工作机制，恰如整体性学习理论——通过数十亿个神经元相互联系储存信息。

回到最初的故事，玻尔难道不懂得气压知识吗？不，他只是懂得更多知识。无论是"通过重力加速度公式计算出建筑物的高度"，还是"将线当作钟摆，通过钟摆的运动来计算建筑物的高度"，都需要扎扎实实的物理知识与数学知识。玻尔不仅熟悉它们，而且深刻地知道公式中每个符号的真正含义，而不是死记硬背公式。他把这些公式不断打破又重新组合，并且不拒绝常识，比如"用气压计敲开建筑物主人的门，然后直接问他建筑物的高度是多少"。所以，他才能提出那么多独一无二的解决问题的办法。

不是每一个人都能成为科学家的，但是我们知道，玻尔的儿子奥格·尼尔斯·玻尔也是诺贝尔物理学奖获得者。父子两代科学家，在学习方法与思维模式上有没有嫡传呢？我们不得而知，但整体性学习无疑值得所有人去尝试。

就以 IT 行业的就职前景来说吧，假如你只学过前端，毫无疑问，你比那些完全不会或者只上过一些小培训班的人要强很多，完全符合普通人心目中 IT 大神的形象。但是，如果你更进一步，懂得了后端编程，比如 PHP、Python，你会对前端开发有更全面的认识。再进一步，假如你对 Web 技术了如指掌，但不懂 Linux，你学了 Linux 之后，对 Web 开发无疑会更有自信……因为你的知识网络更大了，网眼更绵密了，并且疏而不漏了，你的人生必然会更加开阔，拥有更多选择权。

2. 快速高效的大老粗读书法

吕蒙是三国时期的著名将领，也是中国古代将领以勤补拙、笃志力学的代表。他少年时，空有一身勇力，屡建战功，逐步高升，但却是个大老粗，没什么文化，以至于孙权不放心，直截了当地对他说："你如今身居要职，掌握重权，不可以不学习。"吕蒙推说军务繁忙，没有时间。孙权说："我难道是要你研究儒家经典，去做皓首穷经的博士吗？我只是要你去浏览书籍，了解过去发生过的大事。你事情多不假，但能比我还忙吗？我还经常读书呢，而且自以为得到了很多好处。"吕蒙这才开始学习，虽然他起步晚，但见效很快。后来，他的老上司鲁肃见到他，一番交谈后，大吃一惊，说："你今天的才干谋略，已非吴下阿蒙了！"吕蒙马上说："士别三日，就当刮目相看，这又有什么奇怪的呢？"从此，汉语家族多了这两个著名的成语。

吕蒙无疑是个悟性很高的人，可即便悟性很高，想在短时间内成为一个令人刮目相看的人，也不容易做到。吕蒙之所以能够做到，在于他领会并且践行了孙权的"速成读书法"，而且非常用功，只拣书中的大纲要略去读，只吸收史籍中的精华奇妙之处，而不是像迂腐的读书人那样，与每一个标点符号较劲。

吕蒙的读书法，我们可以称之大老粗读书法。虽然有些粗，却很值得我们借鉴。而且这种读书法也被很多看上去很细致的人所推崇，比如与吕蒙同时代的诸葛亮，再比如教给他这种方法的孙权，以及后来的陶渊明，此外还有很多事务繁忙的古代将领与历代帝王，都是用这种方法来读书的。

诸葛亮是一个代表人物，据王粲的《英雄记钞》记载，诸葛亮曾与徐庶、石广元、孟公威等人一道游学读书，"三人务于精熟，而亮独观其大略"。观其大略，不是看个大概，而是看它的主要梗概，不死抠无关紧要的细节。

大诗人陶渊明是另一位代表，他在《五柳先生传》中写过，自己"好读书，不求甚解；每有会意，便欣然忘食"。所谓不求甚解，不是不求理解，而是不强求一次就搞通，更不钻牛角尖。因为即便是很有学问的学者，在读古籍的时候，也会遇到一些一直都令他难以理解的地方，至于相关的解读就更多，纷纷纭纭，莫衷一是。就连学富五车的国学大师王国维也曾说，中国古籍他有很多未解之处，起码《诗经》他就有读不懂的地方。读不懂怎么办？即使是专门研究学问，也只能先放一放，先去研究其他学问，兴许能通过整体学习，从侧面得到答案。如果只是普通人，想通过阅读增长见闻，丰富知识体系，那就先择其大要，掌握内核即可，没必要死缠烂打。

很多学霸在分享学习方法时，也都提到过学习一定要"抓西瓜"。俗话说得好，"不要捡了芝麻，丢了西瓜"，就是说学习要善于抓核心内容与关键问题。有不少老师也反映，有的同学有钻研精神，但不肯接受老师的指导，对一些小问题没有节制地死抠，不改善的话，将来只能成为一般人才。还有的同学脑回路很怪，很简单的问题他能想得很复杂，这样下去在学术上也是没有前途的。

如果要学习的是学以致用的学问与技术，可以采用 RIA 读书法。如果说吕蒙的读书法是大老粗读书法的话，那么 RIA 读书法相当于一位学以致用的大老粗。

RIA 读书法，又称便签读书法，它把知识和实践关联起来，通过简单的几步，迅速把知识转化为能力。其中的 R，是英文 Reading 的首字母，意思是阅读物；I 是 Interpretation 的首字母，指的是用自己的语言重述知识，也就是把书里的主要内容消化后再讲出来，要着重讲它的好处，注意不能大量引用原文，因为那意味着你并没有真正消化，也没有真正体会到它的好处；A，则是 Action 的首字母，它的本意是行动与行为，也就是实践部分。具体操作中，要分为 A1 与 A2 两个步骤去执行，A1 主要描述你过去经历过的与图书原文相关的事情，切忌泛泛而谈，比如我经常怎样怎样，我有时会如何如何……要具体，要有时间、地点、人物、起因、经过、结果。A2 主要去写我们以后怎么用，包含目标和计划两部分，每一部分都要明确、具体、有时间节点、可实现。

这种读书法特别适用那些学以致用的图书，比如说话技巧类，实用心理学，生活技巧类。具体的方法也很简单：

第一步：通读全书目录，然后直奔自己需要的部分。这是非常重要的一步，而且要养成在买书前就读目录的习惯，不然你可能会买一大堆无用或者内容同质化的书。

第二步：准备三张不同颜色的便签纸，分别描述 I、A1、A2 三个部分。

第三步：完成 I 的部分，用自己的语言重述知识。

第四步：如果不能重述，就重读，或者查漏补缺。

第五步：完成 A1 部分，描述相关经历，检索之前一片茫然状态下的思维与行为是否得当，是否契合书中提供的理论或办法。

第六步：完成 A2 部分，写下自己的具体目标、如何应用与行动方案。

第七步：执行。

3. 强调天赋不如刻意练习

人生是个大舞台，无处不是竞技场。在各类竞技圈，尤其是体育圈与演艺圈，人们说的最多的一个词就是"天赋"。应该说，有的人确实在某一领域有天赋，不应回避，但也不能唯天赋论，尤其不能强调身体天赋。

以打篮球为例，有几个指标似乎亘古不变：身高、臂长、弹跳力、肌肉强度等。这些生理天赋，是精明的 NBA 经理们崇拜的真理。从东海岸到西海岸，每年都有各种选秀，但从本质上看都是在选天赋。可是，总有一些"天赋"让人大跌眼镜，同时也总有一些"非天赋"让人们惊叹连连。

以已去世的科比为例，他无疑是有身体天赋的，身高 1 米 98，强壮而不臃肿，但在美国，这种身高比比皆是，在美国这个篮球国度，每年有 50 多万的高中生球员，其中只有 0.009% 能进入 NBA 范畴。自科比进入联盟之后，每年都有大量优秀的、所谓"天赋异禀"的佼佼者进入 NBA，可是能够达到科比这个程度的有吗？

听听科比是怎么说的吧。他曾经自述："洛杉矶早晨四点仍处在黑暗中，我就起床行走在黑暗的洛杉矶街道上。一天过去了，洛杉矶的黑暗没有丝毫改变。两天过去了，黑暗依然没有半点儿改变。十多年过去了，洛杉矶街道早上四点的黑暗仍然没有半点儿改变，但我却已变成了肌肉强健，有体能、有力量、有着很高投篮命中率的运动员。"

科比的命中率有多高呢？他曾单场得到过 81 分的高分，仅次于张伯伦的 100 分，位列历史第二名。这是那长达十几年的、没日没夜的训练赐予他的。

换个角度看，篮球场上的矮脚虎博格斯，身高只有 1.60 米，完全没什么天赋可言。但是，经过他发疯着魔似的练习，其球技也得以不断提高，最后他还把自己的弱势转变成了天赋，成就了另一种伟大。博格斯说过："我的确太矮，在高水平的职业篮球赛中闯出一番天地不容易，但我相信篮球并不是专让高个子打的，而是让那些有篮球才华的人打的。"他的才华，体现在他的助攻能力上。他运球时贴地疾行，忽左忽右，忽西忽东，几乎没有人能断掉，极少的失误成就了他助攻失误比排名NBA 第一的事实。用小牛队主教练老尼尔森的话说则是，"对于博格斯来说，他对我们最重要的是，钻到一些大个儿的怀里，将球掏出来"。

再比如"土豆"韦伯，他人如其名，身高仅 1.69 米，体重60 公斤，但他通过刻苦练习，练就了一双弹簧腿，垂直弹跳达 1.3米，助跑弹跳为 1.5 米。他在 NBA 共打了 12 个赛季，出战 814场常规赛，投篮命中率 45.2%。1986 年的扣篮大赛中，他还夺得了"扣篮王"的称号，证明了小个子也能飞，连飞人乔丹也被折服。

在二十世纪七八十年代，香港一些电视台也曾为挖掘艺人开展过各种艺人训练班，我们所知道的很多明星，都是从这里走出来的，如周润发、刘德华、梁朝伟、周星驰、郭富城、古天乐、吴君如、刘嘉玲等，数不胜数。

举再多的例子，关键词都是练习，都是刻苦练习。

相对于刻意苦习，天赋远没有人们想象的那么重要。看"中国好声音"或者"中国达人秀"，评委们最常问到的一句话，就是"你有什么才艺？"或者问："你为大家带来什么才艺？"所谓才艺，就是具体的才能或技艺，通常来说，它们都可以通过后天的刻意练习来掌握或实现，包括那些最为神乎其神的才艺。

众所周知，人与人生来并没有什么本质上的不同，都要学走路、学吃饭、学说话、哭着喊着找妈妈，连这些最基本的生存技能都是靠练习得来的。区别只在于，有些人会在后期展开刻意的训练，有些人始终在进行无意识的练习，距离也就在无形中拉开了。

任何人都可以进步，但不是每个人都可以杰出。因为任何杰出都需要大量练习。有人总结出了一万小时理论，即无论做什么，想做到专家级别，都至少需要一万个小时。其实很多绝活，可能需要更多时间。我们读武侠小说，里面动辄说某某神功练至最高境界需要几十年时间，虽然夸张，但理论上是没有问题的，没有人能随随便便成功。只不过有些人喜欢炫耀，有些人则如欧阳修笔下的卖油翁，谦虚低调，在别人惊叹之时，淡淡地说一句："我亦无他，惟手熟尔。"

4. 搭建自己的知识小屋

乔布斯生前曾在斯坦福大学进行过一次演讲，其核心内容就是一句话：人生就是把珍珠穿成线。也有人把它翻译成"穿起生命中的点点滴滴"，本质上是一样的。

乔布斯举例说，他在大学时旁听过字体设计课程，他本人很喜欢，但当时觉得，这些东西在未来似乎用不着。直到他研发苹果电脑时，这些知识才开始发挥作用。用他的话说就是："如果我没有选那个课程，个人电脑就有可能没有今天这样优美的字体。"他在回顾自己的人生轨迹时说："我在大学里还没有那样的意识，不懂得把当时的一个点向前延伸，连成一条线，但现在回过头去看，那条线清晰无比。"

也就是说，我们学习时，首先要有把珍珠穿成线的意识，然后努力获得每一天的珍珠，再将它们连缀成一个领域的知识体系，最后再随着自己的成长而不断扩充它，并持续迭代。

当然，有些珍珠可以不必自己去采，更不必像个蚌壳似的，痛苦孕育，它只是一种思路，可以有很多种变式与打法。以小米为例，我们知道，它的成功最初得益于背后有成千上万的"米粉"。这些"米粉"也是一步步来的，但是因为策略得当，借助指数级增长，最终推动了小米的飞速发展。最初他们不过是找了100个三星用户，直接把三星的系统格式化，改成小米系统，给用户报酬，让他们试用，不断提意见，不断迭代。这100个用户围绕着小米手机构成了一个小圈子，然后圈子开始扩大，第二圈就扩大到了将近1万人，小米社区就形成了，雷军的饥饿营销也随即展开。到目前，第三圈、第四圈已经围定，号称有几个亿，这在国内基本到达顶峰了。这个过程，已经不是把珍珠穿成线，或者搭建自己的知识体系那么单纯了，而是打造生态。

商业可以有生态，学习为什么不可以有呢？想想你书架上的书，它们是一天放进去的吗？肯定不是，我们一定是先有了几本书，或者先有了一个空白书架，然后根据自己的喜好，逐渐买书，然后逐一放上书架。如果说此前大家购书的关键词是"喜好"的话，那么此后，大家的关键词要逐渐过渡为"需求"与"体系"。当学习体系构建完毕，人生基石也就夯实了。

与之相对应的就是著名的"知识小屋理论"。它比知识体系这个大词更具体、更形象，毕竟很少有人能意识到自己每天都生活在形形色色的知识中，并受它们左右，但每个人每天都住在屋子里，并且都不拒绝再拥有一间。

前面我们说过，构建起学习体系，人生基石也就夯实了，但这还不够，没有人喜欢睡在基石上。知识小屋理论建立在知识体系之上，你可以把它理解为有了坚实基础并且在基础上竖起了坚实的柱子的知识体系。

如你所知，再小的屋子也有柱子，没有柱子就没有屋顶，就没法安身立命，遮风挡雨。我们可以把自己所掌握的所有知识与技能看成一个小屋，毫无疑问，你如果只有一个柱子是撑不起小屋也撑不起自己的。为了更好地应对这个世界的风风雨雨，甚至是台风天气，我们得有相互支撑的几个柱子，并确保牢固。

要记住，不是柱子越多越好，有些柱子是多余的，甚至会破坏视野，遮蔽我们的双眼，因此要有断舍离的精神，要勇敢地砍掉它。

还以乔布斯为例，他的知识小屋主要有三根支柱，分别是设计、商业与品位。乔布斯是设计天才，看看苹果的 Logo（标志、徽标）就知道了。当然，这个支柱也不是他一生下来就戳在那里，也是经过长期的培养、磨炼、重铸、定型、优化过程，才最终形成的。他也是毫无疑问的商业大师，他联合唱片公司改变了音乐的销售方式，他用 iPhone 一款产品推动了移动互联网的发展，他创造出了全球市值最高的公司并可以轻松跨界，他的影响究竟会延伸多远，现在还没人敢于断言。至于他的品位，恰如他自己所说的，他"一直站在科技与艺术的交叉路口"，几乎是凭借自己一个人的力量提升了整个高科技产业的品位。就连比尔·盖茨都不无羡慕地说："我愿意牺牲很多东西，换取乔布斯的品位。"

比尔·盖茨同样有自己稳固的知识支柱，那就是软件技术、战略与慈善。安迪·格鲁夫的知识支柱恰好也是三个，即战略、管理与执行。为什么都是三个呢？因为天才也是人，是人就精力有限，能够把有限的精力集中起来，打造出三个鼎足而立的支柱，已属难得。而且我们要看到，乔布斯也好，比尔·盖茨也好，他们不是不能建立更多的支柱，但他们懂得取舍，更愿意把这三根主体支柱打造得更牢更高，并且在相互支撑、相互配合上下功夫，从而营造出高耸入云的知识大厦。

最后，我们要学会自我审视，用这种理论审察并改进自己的知识小屋，问问自己：我的知识小屋现在怎样？它有几根支柱？我需要如何改造它？

5. 让抽象的具象，让具象的形象

什么叫抽象？什么叫具象？什么又叫形象？

简单来说，具象就是具体的形象，抽象则是从一个具体形象中抽取出来的部分，它可以是一个符号，也可以是一个概念。而形象，不仅指具体的形象，还有生动、灵活、传神等意思。

我们以幼儿为例，通常孩子在4岁之前，会用手脚去触碰身边的一切事物，之后会问各种问题，比如，为什么鸟会飞？为什么天空是蓝的？为什么灯会亮？……有些家长会觉得孩子很可笑、很可爱，有时又觉得很烦，实际上，这个年龄段的孩子正处于认知的第一阶段，即用自己的感知觉（触觉、味觉、听觉、嗅觉、视觉）去获取对事物最直接的认识，这就是具象思维。他们的感觉越灵敏，问出的"为什么"越多，得到的解答越正确，相应的认知就越具体、越全面。

举例来说，如果他们曾经吃过一个红苹果，就会认为苹果都是红色的，只有跟他们曾经吃过的苹果完全一样的水果，才会被认为是苹果。当你把青苹果放在他们面前时，他们通常不会认为那是苹果，并且会告诉你，苹果应该是红色的。当你告诉他们，苹果也可以是青色的之后，他们就会马上把这个信息加入已有的认知中。

慢慢地，孩子进入学校，开启学生时代。学习离不开教材，所有的教材都是从具象到抽象的过渡，或者是两者的结合。学生所处的年级越低，具象内容越多，诸如"1 像铅笔细又长，2 像小鸭水上漂，3 像耳朵听声音，4 像小旗空中飘，5 像称钩来买菜，6 像豆芽咧嘴笑，7 像镰刀割青草，8 像麻花拧一遭，9 像勺子能吃饭，10 像筷子加鸡蛋"等。在三年级以前，数学主要为填空、选择、判断类型的题目，这些题目主要是针对一个知识点进行直接考查。而在三年级以后，会慢慢加入一些应用题，有些孩子在读完应用题之后不能很好地理解题目的含义，还有些孩子理解了题目的含义却不知道怎么下笔，原因就在于应用题已经不是直接对单个知识点进行考查，而是通常夹杂多个知识点，需要孩子去理解、提炼、归纳、分析、推理、判断，从而解决问题。而孩子之所以不能理解题目，或者理解题目但无从下笔，主要就是因为孩子的思维从具体到抽象没有一个很好的转换。数学如此，语文、英语也一样，更高深的学问也莫不如此。

学习的关键是什么？至少对大多数人来说是记忆。而记忆作为一种基本的心理过程，是和其他心理活动密切联系着的。记忆联结着人的心理活动，是人们学习、工作和生活的基本机能。把抽象无序转变成形象有序的过程，就是记忆的关键。毫无疑问，抽象思维很重要，对抽象思维的培养更加重要，因为具象是简单的，抽象是复杂的，抽象是建立在具象的基础之上的。人之所以区别于其他的动物站在生物金字塔的顶端，正是因为人有自己的思维，能够就眼前接触的事物抽象出新的东西。第一架飞机的发明灵感源于鸟；第一架直升机的发明灵感则来自蜻蜓；第一艘独木舟的发明来源于水中的漂木；第一艘潜艇的发明灵感来源于海豚；第一台雷达的发明灵感来自蝙蝠的超声波……没有抽象思维，人类很难在更高维度上学习、认识这个世界。尤其是现在，人类已经进入了数字信息时代，它的特点是看得见，摸不着，因为没有实物的参考，这对我们的抽象思维能力有了更高的要求。

从结果导向上说，具象只是过程，抽象才是目标。然而，从学习方法上看，很多时候，建立或理解抽象思维，破解或攻克抽象难题，离不开具象技巧，而且越形象、越生动，效果越好。

以爱因斯坦为例，他曾经把自己想象为一个以光速移动的光子，然后想象第二个光子会怎样看他。诺贝尔奖获得者芭芭拉·麦克林托克则把自己想象成了玉米染色体的朋友，所以她"甚至能看到染色体的内部成分"。

还以爱因斯坦为例，有人问他什么是相对论？爱因斯坦回答："你坐在美女身边，1小时像1分钟；你坐在火炉上，1分钟像1小时。"生动有趣，恰到好处。

佛祖在谈"六根"时，说人有六根，然后又说六根归一。这类形而上学很难理解，众人所以不解。佛祖马上取过一条丝巾，在上面打了六个结，再告诉大家，追本溯因，这六个结的本质都是一条丝巾，于是人人恍然。

高明的人，不仅善于举例子，打比方，而且对于一个抽象的概念，一个人如果能做出高明的类比或比喻，让一点儿基础都没有的人也能听懂，就大概是他对这个概念的理解已经很深入的证明。这与我们讲过的"费曼技巧"有着异曲同工之妙。

6. 结硬寨，打呆仗

据说，曾国藩小时候天赋很差，普通孩子很快就能掌握的文章，他往往要背上很久。有一天，他在书房里背书，一篇文章念了数十遍，还是没有背下来。这时有贼人来临，潜伏在屋外，准备等曾国藩睡觉后捞点好处。可左等右等，曾国藩也不睡，只是翻来覆去地读那篇文章。最后贼人大怒，推门而入，大骂曾国藩："你这个小孩，真是笨死了，这种水平还读什么书？我都会背了！"说完，就在曾国藩面前流利地背诵一遍，然后扬长而去！

结硬寨，打呆仗——这是曾国藩的名言，有人称之为"六字心法"，极尽推崇。其实大可不必，凡事有利就有弊，曾国藩打呆仗能赢主要是在那个时代，很多人的仗打得更呆。左宗棠就曾经说过曾国藩"欠才略""才太短""才艺太缺""兵机每苦钝智"，也就是反应迟钝，不够灵活，有战机也不抓，只知道一个劲儿地筑墙。李鸿章作为弟子，也说他"儒缓"，也就是做事反应太慢。而且即便是曾国藩，也不是结硬寨就能守，打呆仗就能赢。有个成语叫"屡败屡战"，还有个成语叫"屡战屡败"，说的都是曾国藩，虽然他通过文字游戏给慈禧太后吃了定心丸，但他本人也曾兵败到试图自杀。他这么做，主要是因为只会打呆仗，并且相对于太平军，湘军有"结硬寨，打呆仗"的底气，也就是源源不断的粮饷。

学习也是这样，太迂腐肯定不行。别人都学计算机了，你还非要学珠算，这不是时代要淘汰你，而是你自己要淘汰自己。但是，同样学计算机，有人遇到难题习惯性绕过去，结果留下了一堆 Bug（原意是"臭虫"，现可用来指代计算机上存在的漏洞），埋下了一堆隐患，最后不是系统崩溃，就是人生崩盘。有人选择啃硬骨头，咬定青山不放松，任尔东南西北风，最后都不免啃出些滋味，成为业内精英。

古人说的好，"欲穷千里目，更上一层楼"，但知识的殿堂有其特殊性，很多时候，别说更上一层楼，登堂入室都很难。每学到一个阶段，人就会遇到相应的瓶颈与天花板。不是它挡住了你，就是你突破了它，从来不存在平局。

学习到了一定程度，主要的目的就是实现融会贯通，区别只在于是实现真正意义上的还是相对意义上知识与智慧上的融会贯通。而阻碍我们实现融会贯通的，就是一个个知识阻塞。想继续往上走，想更上一层楼，就得有"结硬寨，打呆仗"的态度，才能打通相应的知识阻塞，打开向上走的通道。

"结硬寨，打呆仗"，强调的是稳是以慢打快，尽管兵贵神速，但很多时候，慢一点儿，对打仗来说未必是坏事。学习也是这样，以曾国藩为例，他不仅是晚清中兴四大名臣之一，还是著名的理学家、文学家，然而他天资并不聪慧，甚至还比较笨，能取得如此大的成就，就在于他在学习上也奉行"结硬寨，打呆仗"的笨方法，一步一个脚印，直至功成名就。翻看史料，发现他于1838年才中进士，而且一共考了3次才考上，进士排名还靠后，位列三甲第四十二名。想想看，没有天赋，再不努力，曾国藩还能不能取得那样的成就呢？

天资聪颖的人，就不需要打呆仗了吗？也需要。

国学大师钱穆曾说："古往今来有大成就者，诀窍无他，都是能人肯下笨劲。"钱穆本人就很聪明，博闻强记，有"神童"之称，但他从不以聪明自恃，而是几十年如一日地攻读，一丝不苟地做笔记，踏踏实实地钻研学问。用历史学家孙国栋先生的话说，钱先生无论是学问、精神、风采，都是朱熹之后唯一人。

如果一个人既聪明又勤勉，还舍得下笨功夫，他不成功，老天都不答应。

再来看一个著名的例子——高斯。

有一次，已经上大学的高斯吃完晚饭后，开始做导师单独布置给他的每天例行的三道数学题。前两题很快做完，第三道题写在一张小纸条上，要求他只用圆规和一把没有刻度的直尺做出一个正十七边形。这道题把他难住了，时间一分一秒地过去，他毫无进展。但这个困难也激起了他的斗志，最后，当窗口露出曙光，他终于做出了这道难题。当导师接过作业一看，马上惊呆了，他用颤抖的声音对高斯说："这真是你自己做出来的？"高斯有些疑惑地看着导师，回答道："当然。但是，我很笨，竟然花了整整一个通宵才做出来。"导师激动地说："你知不知道，你解开了一道有两千多年历史的数学悬案！阿基米德都没有解出来，牛顿也没有解出来，你竟然一个晚上就解出来了！你真是个天才！"多年以后，高斯回忆起这件事时，曾说："如果当时有人告诉我，这是一道有两千多年历史的数学难题，我想我不可能在一个晚上解决它。"这就是人们常说的无知者无畏，也是更高维度的"结硬寨，打呆仗"。

7. 工欲善其事，必先利其器

时间回到 1995 年，有一个 27 岁的青年，花了半年工资买了一台电脑。他是一个记者，买电脑主要是为了写稿，在当时有很多同事不理解："写稿用的笔、本子和墨水，单位都提供，你居然自己花这么多钱去买一台写作工具？"也不知道现在他们懂了没有，但现在不用电脑写作的人已经极少了，而这个较早尝试用电脑写作的青年，叫吴晓波。

用一位圈内人的话说，他不是中国最著名的作家，但他是最会赚钱的那位。他也不是中国最富有的企业家，但他是最会写文章的那位。还有人估计，凭借着写书、做出版公司、做自媒体、卖知识……吴晓波的身家已超 10 亿。

要说电脑在吴晓波从 0 到 10 亿的过程中发挥着必不可少的作用，倒也不能确定。但是，这个先进的工具确实从一开始就给吴晓波带来了很多改变，至少让他写作效率大大提升。

吴晓波曾在一次演讲中说："我们这一代人是怎样淘汰上一代人的？现在想来，不是我们比他们更勤奋、更聪明，而是我们比他们更乐于接受新的工具。"

工具的重要性不言而喻。我们很早就知道，而且还知道这是人类与动物的主要区别之一。古人早就说过，"工欲善其事，必先利其器"，但时至今日，到处有人在谈学习的重要性，而对学习工具的重要性探讨则相对较少。

什么叫工具？

最初它指的是人类工作时所需用的器具，比如原始人制作的石斧，后来随着人类的发展，工具有了越来越丰富的内涵。以学习为例，教材是工具，九九乘法表是工具，粉笔也是工具，电脑还是工具，网上雨后春笋般冒出来的学习 APP（计算机应用程序），也是工具。

"给我一根杠杆，我就能撬动地球。"对阿基米德来说，杠杆不仅是工具，也是思路。善用工具的人，有着与普通人完全不同的看待人生与解决问题的方式。对他们来说，几乎没有解决不了的问题，几乎所有的问题都可以用工具来解决。

很多人整天盘剥着自己的休息与睡眠时间，挥汗如雨，烧灯续昼，事实上，他的勤奋在未来很可能会被机器与技术取代，没有任何意义。有可能你辛辛苦苦一星期，不如别人用好的工具干上一小时。有人觉得很夸张，其实一点儿也不，我们只需要跟几十年前比一比就知道了。

工具是什么？

工具是效能的放大器。

多年前，美国有个发明家叫尼古拉·特斯拉，他是"疯狂科学家"的原型，这从他的名言中就能看出来。他曾经效仿阿基米德的名言说："只要我愿意，我可以将地球劈成两半。"很遗憾，我没找到他的具体理论与实验案例，只勉强找到一个似乎沾点儿边儿的案例。

有一天，他带着一个记者，在华尔街找到了一座尚未竣工的大楼，它有10层楼高，还只有钢铁骨架。他说，只要把一个小小的振荡器夹到一根钢梁上，然后调整频率，引发共振，他就能让整个大楼都晃动起来。然后他从上衣口袋里掏出一只小小的振荡器，装到钢梁上。没过几分钟，钢梁就颤动了。渐渐地，颤动强度不断增大，而且扩展到整个钢铁结构。最后，钢结构开始发出嘎嘎的响声，而且左右摇晃。工地上的工人个个恐慌万分，都以为发生了地震，还有人说这座楼房马上就要倒塌，接着警察后备队也出动了。当然，没等发生更严重的后果，特斯拉就把振荡器取了下来，装回口袋，大摇大摆地离开。那位记者推测，要是再等10分钟，这座楼房可能已被夷为平地。

尼古拉·特斯拉不仅仅是疯狂而已，本质上他是个天才。他是塞尔维亚人，大学没有毕业，但成功设计出了第一台感应电机的模型。刚到美国时，他除了一封前雇主写的推荐信，身无分文。这封信是写给爱迪生的，信中提到："我知道有两个伟大的人，一个是你，另一个就是这个年轻人。"爱迪生雇用了他，他进步很快，不久以后就可以解决公司一些非常难的问题了。再后来，他改进了交流发电机，但没有拿到被承诺的报酬，愤而成立了自己的公司，成为爱迪生的竞争对手。为打击特斯拉，爱迪生不惜买通美国某些州的政府官员，把当地的死刑由绞刑改为交流电电刑，从而影响公众对交流电的印象。只能说，大师过招，的确不同凡响。

除了是科学家，他还是诗人、哲学家、音乐鉴赏家、语言学家。仅语言他就精通八种，分别是塞尔维亚语、英语、捷克语、德语、法语、匈牙利语、意大利语、拉丁语。有人不解，学那么多语言干什么？其实，语言是人类最重要的交际工具，也是极其重要的学习工具。尼古拉·特斯拉能熟练地使用这些语言工具，才能够熟练运用各种被前人研究出来的理论与制作出来的工具，他的非凡的脑袋里，压根不会给工具下什么定义，所以他才能为人类进步制作出更多工具，有人甚至说，是特斯拉把人类带入了第二次工业革命。

最后我们说点简单的，用支付宝在网上购物，是不是很方便？很简单？很高效？……但依然有很多人不会，还找出各种各样的理由，拒绝学习，绝不改变。这本质上是对工具的理解有误，不明白工作的核心目的就是尽可能地无限放大个人能力，创造更好的自己，当然也就无法使用更多先进工具，开启更多的门，通往更大的世界了。

8. 要管理时间，也要管理能量

忙！——很多人每天都把这个字挂在嘴上。

咖啡！——很多人为了强撑，产生了咖啡依赖症。

看看他们的时间表，确实忙，从黎明到深夜，时间被排得满满当当。但我并不欣赏他们，因为他们的努力未必有成效，每天把自己搞得精疲力竭的他们，成绩还不如一些看上去自由散漫的人。

我见过很多能量管理不佳的成年人，也见过很多能量管理不佳的学生，他们都很努力，但因为无法取得能量管理与时间管理的平衡，陷入了鏖战，看不到希望。

时间每个人都有，每天都有 24 小时，但有时间是一回事，有没有能量、在不在状态，则是另一回事。不在状态的人，时间再多也出不了多大效益。反过来也是这样，不懂时间管理的人，有能量，也可能被浪费在一些无意义的小事上。

我们来看一个典型案例，空客销售主管约翰·雷义，一个取得了时间管理与能量管理完美平衡的人。

雷义是美国人，35 岁时进入空客，从基层销售员做起，历时 10 年，成为空客销售主管。当时是 1994 年，空客最大的竞争对手波音占据了民用航空市场 60% 的份额，空客仅占 18%。CEO 给雷义定下的目标是将市场份额提高到 30%，雷义却立下军令状：5 年时间内，空客的市场份额要提高到 50%！这大大超出空客高层的期望，董事会甚至认为这是一个不切实际的目标，劝雷义现实点儿。时刻关注着空客重大人事变动的波音公司，也未将雷义放在眼里。

但是1999年，在雷义的带领下，他的团队就将空客的市场份额拉到了50%，提前完成了他当初立下的军令状，让波音再也不敢小瞧他。此后，波音连续换过8位销售总监，也未能夺回自己的市场份额。

数据统计显示，雷义共担任空客销售主管23年，在这23年间，他和他的团队每天平均能卖出两架飞机。他是如何做到的呢？用他自己的话说：卖产品就是卖自己。他认为他之所以可以签下这么多订单，在于首先做好了自己，时刻保持自己最好的状态，做一个有感染力的人。没有人愿意和一个萎靡不振，看上去无精打采的人做生意。用我们的话说，这就是能量管理。为了保持自己精力饱满的状态，他从不喝酒，饮食以清淡为主，每天健身1小时。拜访客户前，为了让自己在客户面前神采飞扬、容光焕发，他会在飞机上适度睡觉，下飞机后会先做20分钟的有氧运动，再去见客户。

雷义的方法也适用于普通人，我们应该有时间管理意识，也应该学会从能量管理方面考虑问题。如果把我们的身体比喻为一台汽车，能量就是汽油，你不可能载着空油箱，一路高喊着"加油"上路，有时你可以适度透支，但迟早要还。更重要的是，当你发现自己常常感到疲惫、压力大乃至精疲力竭，这说明你的能量管理做得很不好，你应该马上改善它。

事情很重要，这没错。目标很美好，这也没错。但是，姑且抛开这些不谈，就算你哪儿也不去，什么也不干，也应该先把自己的车加满油，不是吗？

良好的能量管理无非表现在两方面，增加能量储备，然后把能量用在最需要能量的地方。

在增加能量储备方面，我们可以先问自己几个问题：

（1）每晚有充足的睡眠吗？

有些人天赋异禀，每天睡四五个小时就够了，学习起来还劲头十足，卓有成效。但我们并非这样的神人，我们还是老老实实睡够七八个小时吧。睡得好，能量才会足。能量足，脑袋才会清醒。当你状态好的时候，你的全身每一个细胞都在学习。当你状态不好的时候，你的每一个细胞也都不在状态。不排除有些人把从睡眠中挤出来的时间花在了学习上，但是，更多的人是一边嚷着没时间，觉不够睡，一边想着玩游戏、喝酒、跳舞、玩通宵。即使是全力以赴地学习，熬夜对学习来说也有百害而无一利，所以尽量不要熬夜，这与能量管理规律不符，也与生物规律不符，我们毕竟是夜伏昼出的生物。

（2）营养合理均衡吗？

如果把人类比喻成机器，饮食就是我们的能量源。很多人认为，学业重的时候要加强营养摄入，于是食谱成了高糖、高脂肪、高蛋白质食谱。其实，加强营养很重要，均衡营养更重要。请放弃高糖、高脂肪、高蛋白质食谱，多吃些粗纤维和粗加工的食物，它能让你的血糖水平保持平稳，避免忽高忽低，这是能量管理的一部分。另外，要尽量少吃多餐，最好一天吃五餐，每次吃七分饱，这样可以保证你一天内的营养供应持续稳定。如果你只吃三餐，甚至只吃两餐，那么你的能量供应有可能不足。喝水也很重要，尽量少喝饮料，功能性饮料也不例外。记住，在食物充足的情况下，最纯净的水最具能量。

（3）经常运动吗？

生命在于运动，主要是因为运动过少会削弱你的潜在能量水平，除非你的身体处在特殊时期，连医生都建议你过段时间再去运动，否则一个人每天最少应该拿出40分钟来锻炼身体。每天运动，养成习惯，学习效率会非常明显。

（4）每周休息吗？

在西方神话中，上帝造天地与万物也只工作了六天时间，第七天用来休息。人，也至少应该一周休息一天。休息就好好休息，什么事儿也不要做。如果你仍有事情必须等这仅有的一天时间去做，那就要思考一下，怎么在下一周的前六天完成七天的事情。一开始这很难，但是一旦形成规律，你就能体会到能量进入正循环且源源不断的感觉。

（5）晚上工作吗？

晚上就是休息的时间，要将一天的工作放在白天集中完成，早早完成工作，晚上你就有整块的休息时间了。如果总是不能在晚上来临之前就结束工作，而自身能力并不差，那就要考虑换份工作了。记住，如果你不学会休息，工作是没有止境的。

至于把能量用在最需要能量的地方，其实是老生常谈，也就是俗话说的，"好钢用在刀刃上"。具体怎么做呢？

美国有个叫斯科特·亚当斯的漫画师兼作家，他的方法很值得学习，他是个有钱人，但对于能量输出却非常小气。他的呆伯特系列漫画畅销全球65个国家，他还开办了自己的食品公司。但是最开始，他只是个办公室白领，收入有限。开始画呆伯特漫画的时候，因为要上班，必须每天早上4点起来画画。后来，他辞掉工作，专心画漫画，但还是每天4点起床，因为这个时间他的能量最充足。他还用一台专门的电脑，站着画画或写作，因为这个姿势最有利于他的灵感迸发。

第五章

是什么在影响你的学习

古今中外，所有高明的教导者都善用比喻。中国的地理老师第一堂课就会告诉孩子们：我们中国的地图看上去就像一只雄鸡；欧洲的地理老师则会告诉学生们：意大利的地图看上去就像一只高脚靴子等。如果你当时没有打盹，估计你一生都不会忘掉。

1. 学习力曲线与学习曲线

当今世界，各行各业，都越来越重视能力，而不再唯学历论。

能力有很多种，学习能力则是所有能力的元能力。每个人都需要提升学习能力，每个人也都可以提升自己的学习能力。那么，影响学习能力的因素又有哪些呢？

学习力曲线是一个重要的因素，也是我们提升个人学习能力很好的切入点。

学习力曲线与一个人的人生轨迹悉悉相关，具体说来可以分为五类：

1. 蒙智曲线

这类人有的天生有学习障碍，有的则没有机会启蒙启智，犹如白丁。多数学历较低，阅读力和思维力被遮挡，通过学习获得知识的能力明显不足。"蒙智曲线"实际上是一条低而平的直线，处在"蒙智线"的人，多是社会底层的穷人。

2. 早谢曲线

这类人多数在青少年时期接受过学校教育，一般取得了高中学历，掌握了基础知识，具有通过学习获得知识的初步能力。在18~20岁，他们的学习力登上高点，此后便日趋松懈，学习力趋降，最后干脆不学了。就像盛开的鲜花过早凋谢，所以称作"早谢线"，这类人多处在社会中下层。

3. 中庸曲线

这类人多数在获得高中学历之后，学习力能继续向上攀登，继而在高等学府中深造，并取得相关专业知识、专业技能，以及相适应的高等学历、学位等。至此，其学习力已经登上一个新高度，但随后终止了上升趋势，缓慢掉头下行，这类人多是社会中间阶层，用今天的话说就是中产。

4. 卓越曲线

这类人离开高等学府之后，并没有间断学习。在进入组织后，开启了"第二次学习"，学用结合，在干中学，在学中干，学习力继续向高位强势攀升。在职业生涯结束之际，学习力登上最高点，随后缓慢下降。这部分人多出自社会上层，也缔造新的社会上层。

5. 睿智曲线

这类人一生当中，学习力始终保持上升趋势，直至生命终结。由于生命不息，学习不止，这类人中不乏出类拔萃的顶尖人才。

纵观历史，不难发现，人类学习力发展的基本趋势，都是从"蒙智曲线"向"睿智曲线"拉升外推，白丁越来越少，智者越来越多。我们研究学习力曲线，目的就是为了通过提升相应人生阶段的学习力，尽量把自己推向下一阶段，逐步向睿智靠拢。它不是空泛盲目的，而是必须应该立足于学习者当前所处的学习阶段做文章，比如一个小学生，他明显处于蒙智线附近，所学就应该着眼于破除蒙昧、提高智识，以学好学校各科知识为宗旨。同理，如果一个人已经成年，甚至已经人到中年，那么不管他对自己当年没有取得学历多么耿耿于怀，理论上也不应该再去为一纸文凭空耗岁月，而是应该多往实用技能和人生哲学方面下功夫。

在了解了学习力曲线之后，我们还要了解学习曲线。学习曲线是以时间为横轴、以能力为纵轴形成的曲线图。现在提倡终身学习，之所以如此，是因为终身学习者的学习曲线是没有尽头的，恰如学习力曲线中的睿智曲线，这类人生命不息，学习不止，学习力始终保持上升趋势，人生也必然处在不断进阶中。

遗憾的是，由于各种原因，在任何环境中，终身学习者都只占1%。这也是为什么一个终身学习者可以远超任何一个领域的同侪，而且越到后期越是明显的原因。

五大学习力曲线宜连贯，学习曲线则是越平滑越好。现在市面上有好多学习方法，有些直奔学分而去，这些方法可以在短期内使我们的学习曲线与学习成绩都非常陡峭，甚至直线上升，实质上却是非常错误的方法，用得越多，学业越不扎实。

以我本人30多年不间断地学习经历来看，掌握任何一门比较高级的学问都需要付出足够的时间与精力。然而，受一些自媒体与培训机构不负责任地宣传，很多人都上了当，尽管本质上是上了自己的当。比如，我曾经遇到一位非常神奇的初学者，问我："这本书挺牛的，我看了三天还没看完。"我心想，挺牛的一本书，应该三天看完吗？四天看完就是罪莫大焉？

是什么在影响我们的学习？首先是一颗浮躁的心。很多人要么把自己当神，要么把别人当神，为了达到某个目的，真的做到了"惜时如金"，不管多么难的东西，顶多给它一个星期。其实如果你真的想学一个安身立命的本事，刚开始的时候，学习曲线一定要尽量的平滑。古人说的好，"积跬步，致千里"，如果有人非要放卫星，一天两天确实可以走得比别人稍远一点儿，但时间长了，大家只能到急诊室里去找他了。

说到底，学习力曲线与学习曲线都是规律的呈现，会学习的人都懂得尊重规律，会给自己设定基准，给自己反馈的空间，允许自己走得慢一些，必要时还要走走回头路，复习巩固，以便让自己的基础更扎实，学识更牢固，从而在未来走得更好、更远。

2. 拖延没有任何好处可言

确切地说，拖延症属于心理疾病的一种，与强迫症、健忘症、选择困难症并称人类四大疑难杂症。抛开其他不谈，仅就拖延症的病因而言，有人会简单地把它归为懒。其实根本不是懒不懒的问题，而是一个应该深入去研究的问题。简单定义为懒，这也是一种懒。

试想，一件事无论如何都躲不过去，早晚都要做，为什么要一直拖延？原因不外乎以下几点：

一是不愿意做。此事非我所愿，内心抵触，完全是被逼无奈，所以选择拖延，这其实是一种无声的反抗。比如很多小学生家庭作业过多，孩子没有办法拒绝，又实在不想做，家长缺乏调节，孩子只能磨磨蹭蹭、拖拖拉拉，恨不得写到半夜。

二是不擅长做。事情有难度，学问太庞杂，千头万绪，无从下手，甚至束手无策。还有些问题，根本无解，比如领导给制定了不符合市场也不符合规律的销售任务，根本无法完成，怎么办？拖着，只能拖一天算一天。

三是过于追求完美。由于想把事情做到最好，或者为了避免失败，所以进行各种事前准备，迟迟不能开始，导致了事实上的拖延。比如我们都学过的《蜀鄙二僧》中的两个和尚，富和尚相比穷和尚不差钱，差的只是行动能力。穷和尚只凭一瓶一钵就能去南海，今天的我们，学习条件再不好，应该也好过古人，及早认识到自己不是在准备，而是在拖延，并马上开始就好了。

四是外界干扰过多。现代社会，柳绿花红，诱惑太多，除了现实世界的种种诱惑，还有互联网这个全新的更具诱惑力的虚拟世界。没点儿定力与方法，根本静不下心来。比如你想写文章，很好，一大早也确实坐到了电脑前，本来想上网查点资料，结果一条消息弹出来，标题足够有诱惑力，你稍微不察，点了进去，你一点击就代表着你喜欢这类内容，于是接下来你的页面显示的全是这类内容，从中国明星到日本明星，从娱乐明星到体育明星，从超级巨星到五线新星，没完没了。好不容易把自己控制住，有人打来电话，接完电话，顺便刷刷朋友圈、微博、抖音什么的。你根本没有注意到，你的注意力已经从 PC 端转到了手机端，不知不觉间，两个小时过去了。然后感觉渴了，起来泡杯茶，喝完茶，肚子也有点饿了，已经快中午了……

五是还有退路。有些事不是特别急，还有时间可以拖延，为什么不拖一下？又有人请你去吃宵夜，去喝酒，去唱K，为什么不去？大不了回来熬会儿夜，今天做完还算先进工作者呢！毕竟不是特别急的事情。

拖延的危害有目共睹，没有任何好处可言。

首先，拖延会影响结果，改变命运。因为拖延，到手的鸭子可以飞走，宝贵的机会归了别人，今天可以解决的事情非得明天，明天可以见成效的项目死在了今天晚上。明明应该当机立断的事情，非要从长计议，十年不晚。天知道，十年之后他会在哪里？其实又何需十年，从他拖延的那一刻，这个瞬息万变的时代中的某些因素已经在发生作用，悄然改变了属于他的人生走向和故事结局。

其次是引发焦虑。如前所述，拖延的正确描述，是一件事明明知道无论如何都躲不过去，早晚都要做，还是要拖着不做。这个世界有多残酷，我们同样心知肚明。拖延不仅仅是拖延的开始，也是心灰意冷、万分沮丧乃至怀疑人生的开始。你也知道，拖延解决不了任何问题，随着时间的流逝，只会让你心理压力越来越大，让你越来越焦虑，产生负罪感，一想到还有那么多事情等着你干，就心烦得要命，而这比事情本身还困扰人，会严重影响生活质量与工作效率。很多人遇到这种情况，通常都会选择一种办法，那就是拖到不能再拖时放弃，实在无法放弃，那就放弃自己。

最后，拖延会产生错觉。许多人都有这样的经历，遇到棘手之事，先期总是找各种借口拖延，直到最后一刻，退无可退，才硬起头皮去干。神奇的是，很多时候，你都能在最后关头完成任务，于是自我良好的感觉油然而生，内心深处都抑制不住对自己崇拜起来："我真是牛！"其实这是一种错觉，虽然你最后完成了任务，但完成的品质如何，自己心里不清楚吗？至少，你如果从一开始就抓紧时间去做的话，可以比这样完成得更好。而且这是一种很不好的习惯，蔓延开去，只会形成凡事一拖再拖最后再临时抱佛脚的思维，这样的人注定与卓越无缘了。

总之，拖延症是一种病，得治，并且得及早治。如何着手呢？

首先，要树立信心，不要放弃自己，要相信自己是最好的医生，只要自己配合自己，拖延症最后就会在自己的生活中失去立足之地。

其次是加强行动力，不管怎样，先干起来再说。要告诉自己，所有的伟大都源于勇敢的开始，错误不可怕，有时候还要主动试错。如果感觉千头万绪，一团乱麻，不知从何做起，建议你找一张纸，把所有要做的事情都罗列出来，最重要的放在前面，然后依此类推，接着根据重要程度去分配自己的能量，那样即使你用尽所有时间精力也只完成了一个任务，但因为它是最重要的，也会有满满的成就感。

再次，制订切实可行的计划与时间进度表，并严格执行。要把"今日事，今日毕"当成铁律，绝不延期。如果担心自己自制力太差，那就先有意识地把所有可能导致拖延的外在因素都屏蔽掉，比如关掉手机。举个很奇葩的例子，雨果在写《悲惨世界》时，一再拖延，总想到外面去玩。为了治自己的拖延症，他给自己开出了猛药：让佣人把自己所有的衣服都拿走，然后赤身在家写作，才如期完成了作品。

最后，要有相应的奖励措施。一个人积极主动地去做事，为了什么？为了趋利避害。如果相关的好处与利益过于遥远，人就会失去动力。如果不太遥远，最好当场就能兑现，人就会有十足的动力。比如孩子做作业拖拉，你给他讲大道理没用，但你告诉他写完后可以看半小时动画片，肯定奏效。对自己也别吝惜。如果自己按时完成了任务，就及时奖励下自己，比如吃顿精致的美食；如果员工如期完成了任务，就直接发奖金，最好在第二天就安排上，立竿见影嘛！

3. 思维定式是天使，也是恶魔

北宋的欧阳修写过一本书，叫《归田录》，书中记载了他的老上司钱惟演的一件家事：

钱惟演非常富有，但生性节俭，用钱谨慎。他有好几个儿子，都老大不小了，但除了逢年过节之外，很难得到一点儿零花钱。儿子们就开动脑筋，从老爸那里搞钱花。他们知道，父亲有一个珊瑚笔架，造型美观，雕工精细，极为珍贵，是父亲的心爱之物。平时，钱惟演总是把笔架放在书桌上，每天都要欣赏一番。要是哪天找不见了，他就会心绪不宁，坐卧不安，然后悬赏万钱，寻找这个笔架。于是，哪个儿子缺钱了，就会把老爸的笔架藏起来，等老爸悬赏的时候，过一两天再拿出来，说笔架被小偷偷走了，自己好不容易才追查回来，万钱的赏金轻松到手。过上一段时间，另一个儿子又没钱花了，就再次如法炮制，一年起码要发生六七次，钱惟演却始终不曾察觉。

后来，顾炎武在《日知录》中重述了这个故事，并感慨道，钱惟演的品德令人赞叹，可惜常被不孝的儿子们愚弄。也有人更进一步想到，世上真有这么傻的人吗？其实，钱惟演绝对不傻，他要么是在装傻，要么就是陷入了思维定势。他心爱的笔架一次次失而复得，可能使他的头脑中形成了这样一个无形的框框："我的这个笔架很值钱，外面的小偷总想把它偷走。只要我悬赏一万钱，我的儿子就一定能把它找回来。"假设他真是这么想的，那他就很难跳出这个怪圈，这与今天很多人被传销骗到帮骗子数钱的程度，却很难回头的道理是一样的。可见，思维定势真是害人不浅。

思维定势有没有好处呢？应该说是有的。比如在学习上，钱惟演本人就是榜样，他生于王公贵胄之家，但没什么不良嗜好，一生只爱读书，坐读经史，卧读杂记，上厕所都不忘读诗词。欧阳修在《归田录》里记录了这一点，后来他总结出自己的"三上读书法"（马上、厕上、枕上），多半也是受钱惟演的启发。

思维定势也可以使人在舒适区畅快淋漓且毫不费力地工作，

收获也是巨大的。举一个例子，当你刚开始接触电脑，还不熟悉打字法的时候，你需要很长时间才能把自己想表达的句子在电脑上敲打出来。但是经过长时间的打字训练，你甚至可以达到盲打的程度，不看键盘，也可以把想要表达的句子在电脑上呈现出来。

但是，思维定势的害处也是明显的，它是一种格式化的东西，具有隐蔽性、持续性、顽固性等特征。在学习上，我们必须有点愚公移山的精神，但愚公移山并不是个好办法。

比如，我们都听过高斯小时候巧解数学题的故事。故事讲的是，高斯很小的时候就展现出过人的数学天赋。大约在他 10 岁那年，有一天，老师出了一道难题："把 1 到 100 的所有整数写下来，然后把它们相加，结果是多少？"老师为什么要出这么一道题呢？很多人猜测过他的意图，比较服众的说法是，老师太累了，想出个难题，借机休息一下。但他错了，因为没过多久，高斯就给出了答案：5050！老师吃了一惊，高斯解释说自己发现了一个规律：$1 + 100 = 101$，$2 + 99 = 101$，$3 + 98 = 101$，……，$49 + 52 = 101$，$50 + 51 = 101$，一共有 50 个 101，所以答案是 $50 \times 101 = 5050$。

高斯的天份是毋庸置疑的，他本人也半开玩笑地说过，他在学会讲话前就已经学会了计算。但是结合我们此前讲过的高斯"结硬寨，打呆仗"的例子，不难发现，思维定势能载舟，亦能覆舟，是天使也是恶魔。在环境不变的情况下，它能够帮我们用已经掌握的思路或方法多快好省地解决问题，而在情境发生变化时，它也会妨碍人采用新的方法。就以数学为例吧，很多人学了十几年，到最后只能用来买买菜，算个小账，难道他们不能用数学知识与数学思维做点儿别的吗？能。问题是他们已经形成了相应的思维定势，被这种思维定势紧紧粘住，不能察觉，也无法摆脱。

思维定势之所以影响巨大，还在于它说到底是一种由先前的活动而造成的一种对当下以及未来的活动的特殊的心理准备状态。也就是说，事情还没有开始，就已经定了性了。依此类推，很多人之所以不能在学习上有所成就，也是因为他们的学习思维与学习方法在学习还未开始时就定下了消极的基调，且很难更改。我们可以简单地把它理解为一种惯性思维，并进一步引申为习惯，所谓习惯成自然，天长日久，你会逐渐丧失分析问题的能力，甚至不再愿意去对问题进行分析。

举例来说，一个哑巴到五金店去买锤子，他用手比划了一个锤子的形状，然后做出敲的动作，买到了锤子。那么一个盲人去买一把梳子，他会怎么做呢？很多人会脱口而出，用手比划梳头。其实盲人直接开口说我要买梳子就可以了，不用比划。这就是惯性思维，有时候会禁锢我们的思想。

如何打破思维定势呢？最主要的就是锻炼自己的多元思维能力，培养发散思维，遇事从不同角度进行探索，尝试多种方法，举一反三。其次，要不断拓展自己的格局与视野，虚心向别人求教，广泛取经，跨界学习。相信我，哪怕是在一个班级，或者一个小小的工作团队之中，也存在着很多值得我们学习的方法或经验，多向那些已经优秀的人学习，把握他们优秀的本质，并知行合一，你必然会变得越来越优秀。

4. 遗忘曲线与记忆原则

遗忘曲线，即著名的"艾宾浩斯遗忘曲线"，发明人艾宾浩斯是德国心理学家，一生致力于有关记忆规律的实验心理学研究。

由于记忆的特殊性，他花费了大量时间在自己身上做实验。由于担心过去的学习与经历会影响他的记忆力，这位天才还发明了"无意义音节"。所谓无意义音节，就是任意两个子集夹一个母音形成的词，除作为记忆的材料外，没有任何其他意义。他编造了 2300 多个这样的无意义音节，然后用这些无意义音节组合成不同长度的学习材料，这些材料不易形成意义联想。然后，艾宾浩斯用它们作为学习和记忆的对象，对记忆进行系统研究。

艾宾浩斯在实验中发现，大约 1 小时后，他就忘记了大约 10% 的单词。再过 1 小时，又忘记了 5%。3 小时后，他又忘记了 2%……也就是说，人的记忆力是呈指数递减的，时间越久忘得越多。但这只是个大趋势，普通人也知道。艾宾浩斯之所以伟大，在于他发现了很多细节和反常现象。

比如，他发现记忆曲线在白天的时候会稳步下降，然而晚间的时候记忆中的信息却很少被遗忘。研究人员费尽心思后发现，人们入睡后，大脑会自动对记忆进行清理，扔掉没用的事实和数据，并将他们在白天一直试图记住的信息储存起来。由此出发，才有了后人对"睡眠与学习的重要影响"的系列研究。今天看来，不应过分夸大这部分影响，但良好的睡眠却是必要的。艾宾浩斯也注意到了这一点，所以他的实验全部建立在控制生活规律的基础之上。

再比如，艾宾浩斯发现，遗忘遵循先快后慢的规律，也就是说，我们记忆的东西，刚开始的时候忘的非常快，短短 20 分钟以内就可以忘掉 41.8%，一天下来几乎会忘掉 80%，甚至可能把它们全部忘掉。可时间如果再长一点儿的话，遗忘速度却开始变慢了。是不是因为这中间经过了睡眠，大脑的自动记忆起了作用？或许是吧，问题在于这时候你已经没多少东西可忘了。所以具体利用这一规律时，不要盯着后面没有忘记或很难忘记的 20%，而要着眼于前面被迅速忘掉的 80%。办法说来很简单，那就是抓紧复习。复习的过程，实际上不断的创造新的遗忘曲线的过程，复习的次数越多，记住的东西也就越多。你可以把人的记忆力想象成一台留声机，一张唱片整天在那里转啊转，唱啊唱，你不用刻意记忆就能够记住歌词与旋律。

又比如，艾宾浩斯发现，相比于中间的内容，开头与结尾更容易让人记住。所以世界上最健忘的妈妈也会讲几个睡前故事，她只需要凭借本能，就能记住几个开头与结尾，中间则可以自由发挥。这在学习上又能给我们什么样的启示呢？那就是尽量化繁为简，裁长为短，你要不断的给自己的学习材料创造前因和后果，然后分段攻克。

你可以结合我们之前讲过的番茄学习法，把每 25 分钟作为一个小的记忆区间，完成一个番茄就休息一次。完成另一个番茄之前，花一两分钟把之前所学复习一下，这样就容易记住，并且会记得很牢。最好不要一次记忆过多材料，那样大脑会陷入千头万绪、一片乱麻之中，烦得要命，还谈什么记忆？

最后，我们的大脑讨厌机械记忆，拒绝枯燥，喜欢有意义的、感兴趣的内容，最好还要有个框架。你有没有发现，很多事情很快我们就忘记了，但有些事情却久久不能忘怀。通常情况下，它们之所以令人难忘，就是因为它们对一个人来说意义重大，从而让人记忆犹新。这背后又往往与"感兴趣的"有关，如果是你不感兴趣的，得到不能使你开心，失去不会让你痛苦，记忆自然也就不会深刻。而思维导图之所以大受欢迎，主要就在于它提供了一个记忆的框架，你可以在这个框架里去记忆，思路会更清晰、更清楚，还可以在这个框架里做一些衍生，更好地帮你记住自己想要记住的东西。

这里要回顾一下艾宾浩斯与他发明的无意义音节。实验结果显示，艾宾浩森记住 12 个无意义音节平均需要重复 16.5 次；为了记住 36 个无意义音节，需要重复 54 次；而记忆 6 首诗中的 480 个音节，平均只需要重复 8 次。为什么？因为诗歌是一个有意义的整体，并且每一句都有意义。它再次提醒我们，不要死记硬背，那就像艾宾浩斯强记无意义音节一样，费力不讨好。

5. 记忆技巧多多益善

学习的要点是记忆，记忆的要诀是趣味。

古今中外，所有高明的教导者都善用比喻。中国的地理老师第一堂课就会告诉孩子们：我们中国的地图看上去就像一只雄鸡；

欧洲的地理老师则会告诉学生们：意大利的地图看上去就像一只高脚靴子等。如果你当时没有打盹，估计你一生都不会忘掉。

沿着这个思路，我们还可以更进一步开发很多记忆技巧。

比如，在记历史事件的年份时，引入相关的联想。

举例来说，公元1662年，民族英雄郑成功收复了宝岛台湾。如果单纯去记1662年，恐怕很难记住，但是把它谐音化，改编成"一流牛儿"，然后再告诉记忆，郑成功之所以能成功收复台湾，是因为他有"一流牛儿"，甚至你还可以适当想象，郑成功用"一流牛儿"大摆火牛阵，这样一来，这个年份与这个事件就会有机地结合在一起，并且深植于我们的脑海，再难忘记了。

再举一例，印度民族大起义开始于1857年，单纯记这个年份也很难，但如果把"1857"谐音化为"一把武器"，并联想到印度人民为了反抗英国侵略者，人人准备了"一把武器"，整个事件就像电影一样自动在我们的记忆中播放起来，有趣，也有效。

第三个例子，马克思生于1818年，鲁迅生于1881年，前面的"1818"，你可以把它想象成一巴掌又一巴掌，进而联想到马克思连着扇了资本主义两巴掌；然后鲁迅上场，同仇敌忾，也扇了资本主义两巴掌，只不过他有一巴掌是反着扇的，也就是"1881"。

再比如，当我们记东盟十国时，如果仅仅罗列出越南、菲律宾、文莱、印度尼西亚、柬埔寨、泰国、缅甸、老挝、新加坡、马亚西亚这10个国名，不动用点儿技巧，强行去记的话，实在是麻烦。但如果我们把它的顺序刻意调整一下，再给它编出两句歌谣，事情就简单多了。歌谣是"老马新飞跃，太监免纹银"，第一句分别对应着老挝、马来西亚、新加坡、菲律宾、越南，第二句分别对应着泰国、柬埔寨、缅甸、文莱与印度尼西亚。至于要不要继续联想，以便加深印象，比如把"老马新飞跃，太监免纹银"拓展为一个故事：明朝有个人叫老马，开了个歌舞厅，叫"新飞跃歌舞厅"，不敢得罪太监，所有的太监都免单，也就是免纹银。看似无厘头，实则还是历史的写照。

我们再来看一个高阶的，结合着我们的身体，来记十二星座。

十二星座的位置，依次为白羊、金牛、双子、巨蟹、狮子、处女、天秤、天蝎、射手、摩羯、水瓶、双鱼。

怎么记呢？实在是没个头绪。既如此，不如从我们的头顶往下走，把这些星座一一对应上我们的身体部位，来个"天人合一"，就不难记忆了。

具体说来，就是将上述十二个星座分别对应上我们的头发、眼睛、耳朵、嘴巴、脖子、肩膀、前胸、肚子、大腿、膝盖、小腿和脚。这个顺序是从上到下的，恰如十二星座从年初排到年尾。

为什么要用我们的头发对应白羊座呢？因为一看到"白羊"这个词，人们就会自然而然地联想到白色的羊毛，羊毛与头发都属于毛发，尽管人类的头发通常来说不是白的，但一点儿也不影响联想与记忆。而且实践表明，脑洞开得越大，记忆反而越牢固。

为什么要用眼睛对应金牛座呢？因为人们在形容一个人眼睛比较大时，首先会想到的就是牛眼。

为什么要用耳朵对应双子座呢？因为耳朵是双数，并且"耳"

与"儿"发音一致,"儿"与"子"内涵一致,你可以想象有两个小孩子,一边一个,贴着你的耳朵跟你讲悄悄话,形象吧!

为什么要用嘴巴对应巨蟹座呢?因为巨蟹座顾名思义就是巨大的螃蟹,是很好的美味,吃螃蟹用什么?用嘴巴。想象自己吃螃蟹的感受,你就记住了。

为什么要用脖子对应狮子座呢?因为狮子是百兽之王,擅长猎杀,并且通常会用锁喉的方式杀死猎物。这里还可以加入日期,比如狮子座的月份是7—8月,你可以引入一个成语,七零八落,想象着在七八月间,百兽之王狮子奋起神威,杀得对手七零八落等。然后再以狮子座为座标,向上推或者向下推其他星座的月份。另外,脖子也是身体的节点,我们只要记得脖子上面我们需要对应的身体部位有头发、眼睛、耳朵、嘴,脖子下面我们需要对应的身体部位有肩膀、前胸、肚子、大腿、膝盖、小腿和脚,就能非常清晰地把握整个星座体系。

接下来,为什么要用肩膀对应处女座呢?因为我们可以简单地把处女理解为小女孩儿,天真烂漫的小女孩儿,最喜欢坐在父亲的肩头。

为什么要用前胸对应天秤座呢?因为前胸是心脏所在的位置,人们不是总说,心里要有杆秤吗?

为什么要用肚子对应天蝎座呢?我们可以回想一下前面提到的巨蟹,我们用嘴巴吃了它,它就升天了,然后它进入我们的肚子,又变异了,结果从巨蟹变成了天蝎。

为什么要用大腿对应射手呢?因为巨蟹变成了天蝎,必须派一位神射手去降伏它，可惜出师不利，没射到天蝎，反倒蛰伤了大腿。

为什么要用膝盖对应摩羯座呢？摩是抚摩的意思，羯通节，也就是膝关节的节，为什么要抚摩膝关节呢？因为被天蝎蛰伤了大腿，又痛又痒，不敢直接触碰大腿部位，只敢在稍近的膝盖部位稍微抚摩一下。

为什么要用小腿对应水瓶座呢？你可以想象这时观音菩萨出现了，带着净瓶，里面都是圣水，马上解除了你的痛苦。

最后是双鱼座，对应我们的双脚，你可以想象自己为了报答观音菩萨，跑步前进，抓了两条鱼来报答菩萨，菩萨说："鱼很新鲜啊！"你趁机展现自己的才华："要加上一开始的白羊座，才叫'鲜'呢！"

看，经过一番天马行空的奇思妙想，方圆百里之内恐怕再没有人比你对星座的知识掌握得更好了。由此出发，将来当个玄幻作家，也不是什么难事。

6. 不断拓展自己的边界

网上有这样一个小故事：

有一个民间围棋高手，总觉得我国棋手水平太差，居然连韩国选手都搞不定，太丢人了！于是他找到中国围棋协会，说要代表中国打败韩国。协会负责人不好意思打击他，就带了一位老先生过来，说你先和他下一盘，看看水平。结果那个民间高手一败涂地。再战，再败。毫无还手之力。他吃惊地问："这位高手是谁？"负责人说："他是传达室的王大爷。"

为什么民间高手连个看门人也打不过呢？因为他始终在低水平重复，遇到的对手比他还差，所以也就限制了他的成长。我们学习也是这样的，不要总在熟悉的、掌握了的、甚至非常拿手的领域内打转，遇到难题也要冲上去，并且要尝试用多种办法解决它。相应的，你也就需要更多的知识点来支撑自己的解题思路。

不断拓展自己的知识边界，你的知识会越来越丰富，最终形成学习的复利效应，学习效果也会像滚雪球一样，越滚越大。反之，就好比一个人想要投资做大生意，却始终受困于有限的本钱，难以发展。

比如老师上课讲了一个知识点 X，这个知识点需要用到之前学过的 A、B、C、D。对于学霸来说，A、B、C、D 他都知道，甚至他还通过自学了些一些关于 E 的知识，因此听完老师的课，他很自然地就掌握了 X。但是对于学渣来说，他可能只知道 A 和 B，或者 C 和 D，甚至于一无所知，那么他不可能期待上完课就掌握 X。等到第二天再学 Y 知识，而 Y 又要用到 X，只好彻底迷糊下去。

《从一到无穷大》的作者乔治·伽莫夫在作品中阐述过一段话，大意是说一个生活在低温世界中的因纽特人，所知的唯一固体是冰，唯一的液体是酒精，所以他永远也不会知道火，因为两块冰摩擦是不可能起火的，酒精对他来说也只是一种不错的饮品，因为他无法将其温度升高到燃点。

抛开因纽特人会不会用火不谈，乔治·伽莫夫还讲了两个更有意思的例子：

例子一从一个笑话说起，讲的是两个匈牙利贵族决定玩一个游戏，规定每人各说一个数字，说出最大数字的人赢。结果其中一个人绞尽脑汁想了半天，说出了一个数字——3，而另一个人马上认输了。事实上当然没有这么笨的匈牙利人，这个故事的发明者意在讽刺匈牙利人的知识水平。可是，如果把故事的主人公由匈牙利换成霍屯督人（非洲原始部落），那么这就不是一个笑话，而是事实了。很多霍屯督部落还非常落后，他们所知的最大的确切数字就是3。如果你问一个土著有多少个儿子，该数字若是大于3，那么他的回答会是"很多"，因为3是他们的认知边界。

例子二是年轻人很感兴趣的探险掘宝故事。话说有一位年轻的冒险家在他的曾祖父的文件中找到了一张绘有藏宝图的羊皮纸，上面写着乘船到某个荒岛后，在岛的北岸会发现一大片草地，上面种着一棵孤独的橡树和一棵孤独的松树。在那里还会看到一个用来吊死背叛者的绞刑架，从绞刑架出发，走到橡树下，并记下步数，到了橡树后向右转90度，再走同样的步数，然后在地上做个记号。接着回到绞刑架那里，然后再走到松树下并记下步数，到了松树那里必须向左转90度再走同样的步数，然后再在地上做一个记号。在两个记号的中间点进行挖掘，那就是宝藏所在之处……这个年轻人非常幸运，他租了一条船，成功航行到荒岛上，也看到了草地、橡树和松树，郁闷的是绞刑架不见了，多年的风吹、日晒、雨淋，已经使得木头风化，连一点儿痕迹都没留下。于是这个年轻的冒险家陷入了绝望，在愤怒与疯狂中，他满地乱挖起来，希望撞上大运，可一切都是徒劳的，这个岛太大了！所以他只能空手而归。但这又能怪谁呢？如果他多学一些数学知识，就能轻松找到宝藏。我们也是这样，之所以总是抓不住各种机会，搞不定生活，不就是因为相应的知识太少吗？这并不是说知识多的人就一定成功，但你去看看生活中的平庸者，知识边界通常都很窄。

所以，我们要不断拓展自己的边界，包括能力，也包括知识、认知等。仅就知识而论，我们知道，知识的海洋无边，我们自己掌握的知识只是沧海一粟。用极有限的时间和精力拓展知识边界，只能遵循问题导向与需求导向，而不是遍地开花、盲目肆意。

以英语学习为例，我们最好把学英语当做种树。我们要明白，学英语并不是播种就行，要适时浇水，也就是复习，这样能保证存活率。同时还要注重树与树之间的联系。你可以把现有的单词量想象成一座森林，如果在这个森林附近种树，树更容易存活。如果离的太远，就比较难存活。比如，当我们已经认识了 strain（拉紧），然后去掌握 restrain（抑制），就比较容易记住。但如果突然插进来一个与之前的知识积累完全没什么关联的词，就比较容易忘记。

同理，一个学医的人，他在拓展自己的知识边界时，首先要关注的、拓展的，还是各种与疾病有关的症状和治疗知识等。一个学法律的人，首先要拓展的肯定也是各种法律规定与司法案例。

如果对历史感兴趣，可以沿着亚洲史、欧洲史、非洲史、古代史、近代史、现代史的体系逐步走下去，而不能放得太开，突然跨界到 IT 或生命科学。换言之，我们要不断拓展自己的知识边界，但拓展本身要有个边界。

7. 概念性知识的三连问

有一次，一位总经理得知生产线上有台机器老是停机，修了多次仍然无效，就问相关人员："为什么老是停机？"

相关人员说："因为机器超负荷工作，保险丝烧断了。"

"为什么会超负荷呢？"

"因为轴承润滑不好。"

"为什么润滑不好？"

"因为润滑泵吸不上油来。"

"为什么吸不上油来？"

"因为油泵轴磨损，松动了。"

"为什么磨损了？"

"因为油泵没有安装过滤器，混进了铁屑。"

至此，问题水落石出。

总经理马上下令：给油泵安上过滤器。

然后，生产线迅速恢复正常，而且再也没有因为上述问题而停机。

这位总经理，就是曾经的日本丰田汽车公司副社长大野耐一，被日本人称为"日本复活之父"和"穿着工装的圣贤"，上面这一连串"为什么"，就是企业管理界著名的"五个为什么"的源头。其要点就是领导者只要发现问题，就反复地问"为什么"，直到回答令人满意，被问的人也心里明白为止。

六度空间理论告诉我们，你和任何一个陌生人之间所间隔的人不会超过六个，包括美国总统。"五个为什么"理论则提醒企业家们，通常来说，连续问五个问题，就能追查到问题的根源。而对于概念性知识的学习，只需连问三个"为什么"就行。

为什么要把概念性知识的学习单独拿出来强调呢？因为概念性知识是一种较为抽象的、概括的、有组织的知识类型。各学科中的概念、原理、理论都属于这类知识，相对于别的知识，它们更为复杂，更难掌握。

举例来说，马斯洛的需求层次理论几乎人尽皆知，很多人也都能说个大概，知道马斯洛需求层次理论包括生理需求、安全需求、社交需求、尊重需求与自我实现需求，但这与真正理解马斯洛需求层次理论还有着相当远的距离。

如果你坚持认为自己确实懂得马斯洛需求层次理论，那我不妨就事论事，问一个相关的三连问：

（1）马斯洛需求层次理论是哪一年提出来的？为什么会在那个时间节点提出来？

（2）你能否举出一些与马斯洛需求层次理论相关联的知识？

（3）你能否举出一些适用马斯洛需求层次理论的场景，以及一些不适用的场景？

上述三个问题，如果你有一个答不上来，就说明你对该理论没有真正理解。问题（1）答不上来，说明你不了解该理论的起源、历史背景与有可能的发展趋势。不理解这些，你很难认识到它的本质和价值所在，亦或是它的局限性。问题（2）答不上来，则说明你还没有掌握马斯洛需求层次理论所包含的各知识点之间的真正联系，换句话说，你对它的理解还是表面的，仅仅只是听说过而已。问题（3）答不上来，说明你尚未掌握该理论的应用方法和适用条件，当然也就谈不上应用，更谈不上活学活用了。而不能活学活用的知识，就算已经掌握了，也不能算是真正的掌握。

所以，再遇到类似的概念性知识时，我们可以通过这种方式，给自己来一个灵魂拷问。

首先，要探讨相关知识的来龙去脉。问问自己："这个知识的起源与背景是什么？"俗话说，"树高千尺有根，水流万里有源"，但很多人在学习知识时，很少去探究知识的起源，好像这个知识是凭空产生的一样。这样学来的知识，难保不像空中楼阁。

其次，就像上面例子中所问的那样，问问自己："我能否举出一些（至少三个）与该知识相关联的知识？"之所以要这样问，是因为概念性知识不同于事实性知识，如果把后者比喻为一块垫脚石的话，前者就是多块垫脚石铺就的一条知识之路。多块，到底是多少块呢？至少要三块吧！

最后，问问自己学到了什么程度，能不能运用，可以运用到什么程度？不妨以时下争议很大的"专家"与"砖家"来解读一下，所谓专家，就是有专业知识并且知道自己的知识适用哪些场景，不适用哪些场景，哪些场景调整一下才可以适用等。而那些滥竽充数的"砖家"，则往往把某一知识无限夸大，似懂非懂，包打天下，乱套用方法，引来板砖无数。

你现在正在学习哪些概念性知识呢？

不妨一试！

8. 功利性学习让你动力实足

首先要明确的是，这里的"功利性学习"肯定是要打引号的。我们所说的"功利性学习"，不是让人直接奔着名利而去，而是说我们学习时要有自己的学习目标，带着具体的目标去学习，你才能学得更快、更好、更多。

举例来说，假设我们最近工作的时候总是犯困，没精打采，身心俱疲，但又不出成绩，这可能是我们在时间管理与心态上出了问题，这时我们如果以解决自己的现实困境为目的，去报一门相应的课程，或者买一本书，有的放矢地去学，肯定比盲目地报一门当下并不急需的时尚穿搭课或英语口语课要实用得多。

或者，我们也可以打一个功利的擦边球，直接在心理上把钱与学习挂钩。比如背单词时，你不是嫌它枯燥乏味、没有成就感、没有收益吗？好，你不必硬着头皮去背了，你可以把它当成捡钱。

有位学霸算过一笔账，算来算去，发现背单词确实像捡钱，而且现在背得越多，将来捡得越多。假设不愿意背单词的同学将来只能上普通高校，愿意背单词并且卓有成效的同学将来能上重点大学，毕业之后，后者的年薪比普通大学毕业生通常会高出5万元，以后还会越来越高。我们只计算工作前5年的差额，就会发现后者会比前者少赚25万元。而英语的分数占了总分数的20%，也就是说因为英语单词没背好，后者会减少的收入是5万元。而高考大纲规定必须掌握的词汇量是3500个，想拿130分以上，还要记忆一些超纲的单词，但至多不超过4000个。同时，按平均智商计算，一个人轻轻松松也能记住1500个左右。4000个单词减去1500个，还剩2500个单词，这2500个单词就决定了你的高考英语分数以及你将来就业的薪水，再用刚才求得的5万元薪水换算一下，平均每多记1个单词，就相当于捡了20元钱，这是多么划算的事情。同理，每天多认几个汉字，算不算捡钱？每天多背一个公式，算不算捡钱？都算。

再展开一下，游戏里各种通关，是不是也算捡钱？算。但捡钱的主体变了，是被人家游戏公司捡了。就算通关后有各种现实的丰厚利益，你也亏大了。所以我们在打这类擦边球时，一定要把握住尺度，不然极容易陷入真正意义上的功利性学习。

有人说，直奔名利有什么不好吗？确实不好，因为让直奔名利而去的人学习，本质上是让他们绕弯。不学习也可以赚到钱，或者说不学好，也能让人攫取眼前利益，不是吗？

从小到大，家长们没少教育我们：好好学习吧，以后发大财；

好好学习吧，以后当大官；好好学习吧，以后当科学家。后面这种稍微好一点，但总的来说都不乏功利性。问题是，就算是纯粹的功利性学习，功利也不会因为你喜欢它就来到你身边。说到底，"功利性学习"的关键词是学习，而不是功利性。功利性学习首先要解决的是动力问题，其次，也有其方法论。

就以最简单的学习方式——读书来说吧，它首先要解决的也是动力问题。

我们在前面讲过把记单词当成捡钱的心法，相信广大中小学教师这个群体是非常愿意接受，并且愿意教授给他们的学生。然而如果让他们转而去教导学生多读些课外书，并且认同看课外书也是捡钱的理念，马上又不认同了。所以说，任何事都有段位。也只有达到了一个段位之后，才能跟他谈相应段位的事情。

假设已经解决了新的动力问题，愿意读书了，又如何把书读得不同寻常呢？

不妨讲讲四手信息论，它对年轻的阅读者来说有很强的指导性。

简单来说，我们首先要知道读书的目的是为了获取信息，而信息笼统地说可以划分为一手信息、二手信息、三手信息和四手信息。

一手信息，就是各种信息真正的源头，像各种行业的期刊论文，最新的调研数据等，这些都属于一手信息，我们要有目的性地多去了解一些，这样才不会人云亦云，或被人误导。

二手信息，指的是忠实转述的一手信息，能标明出处的知识。像我们经常用的维基百科的知识点，名校的教科书，以及一些经典书籍，如《国富论》等，这些信息都属于二手信息。

三手信息，指的是信息已经转化成了方便大众理解的文字，比如现在五花八门的畅销书，比如很多人熟悉的"一万小时理论"和"刻意练习"理念，都出自畅销书，都建立在相应的一手信息或二手信息之上。

四手信息，指的是根据各种畅销书理论知识，所写的个人体验，这种就是我们现在屡见不鲜的各种自媒体文章，诸如"我是如何实现月入过万的目标"之类的文章。

明白了这一点，我们就要区分自己面对的信息到底是几手的，然后尽量寻找其知识的源头，也就是一手信息。坚持这么做，我们甚至也能成为知识的源头。尽管这有一定难度，但在这一点上，我们必须"功利"一点儿，也就是要有点儿斗志，谁说我们将来就一定不能达到相应的高度呢？或者退而求其次，我们基于无数的第一手信息，转述出良好的二手信息，或者解构出建立在一手信息与二手信息之上的畅销书，也是不错的。

当然这是后话，我们要做的还是要切切实实地去读才行。功利性读书要求我们根据自己的需求来匹配相应的书籍。如果你真的想通过读书提升自我，改变命运，那就少看那些纯粹为了娱乐放松而迎合读者的书。

明确了自己需要读的书了之后，是不是就要从头到尾一字不落地开读了呢？不，这是最愚蠢的读书方法。读书，首先要看的是目录，高明的读者一看目录，马上就知道作者要说些什么，会说些什么，是不是自己需要的，然后直奔自己想看的章节而去。这样读书或许对作者来说不够虔诚，但绝对对得起自己，很容易出成果。

第六章

自我学习与自我教育

读了这么多年书，我也是最近几年才知道，读书也要有杠杆思维。有些书，需要反复读，一生读，常读常新。它们的功用不仅仅在于提供知识与思想，还能陶冶性情，提升境界，找到依止。有些书挑着读读就行，更多的书，翻翻就可以，千万别掉在里面。

1. 学习让你时刻走在时代前面

学习是为了什么？

很多人都知道，是为了更好地把握未来。

那么，又如何具体地把握未来呢？

未来在哪里呢？

对普通人来说，未来根本就是空中楼阁，无从琢磨，更无法把握。

比如科学家，他们清楚地知道未来可能就在自己的实验室里，就在自己的手中。

举个简单的例子，未来的智能手机会往哪个方向发展，普通的消费者不得而知，但现在正在研究它们的科研工作者肯定知道。再往回倒推，在我们连智能手机的概念都没有听说的时候，他们就已经在研制智能手机，甚至已经有了它的雏形了。

这倒不是说让每一个人都成为科学家才行，你不需要成为科学家，你只需要走在时代的前列就行。现在还有很多所谓"民间科学家"，宁可卖掉房子，也要去制造一个就算能制造出来也已经非常落后的东西，精神可嘉，但没有多大意义。

前面我们曾经讲过一手信息的概念，也就是那些源头上的知识，像各个科研领域的论文等，通过了解这些信息，我们大体上就可以估计出世界会往哪些方面发展，从而做出恰当的取舍与选择。如果你是一个企业家，或者创业人士，就更有必要关注这些信息了。你可以不是最好的科学家，甚至可以不懂科技，但一定要知道谁是最好的科学家，他的成果是什么，能够在哪些地方应用等。

乔布斯做音乐盒就是一个不错的案例：如今三四十岁的人或许都记得，在自己小时候，有一种随身听非常流行，别在腰带上，放上一盘磁带，美妙的音乐便随时随地的伴随着你，在当时非常受欢迎。乔布斯很早就想做一个数字化的音乐产品，但他同时想到，当时硬盘体积那么大，那么重，再加上一个供电系统，根本不可能像随身听那么轻便。这个想法在他心里一直存在了十多年，直到索尼公司实现了技术突破，5角硬币那么大体积的硬盘便可以存储几百兆的内容。这时乔布斯说：我的产品有希望了。确实是这样，他的音乐盒做出来后，一下子风靡全球，iPod的全球销量高达数亿。

苹果的其他产品也是如此，如果没有基础科学的不断发展，就不会有它持续的从外围到内在的突破。然而，我们不得不承认，这样的人始终是少数，不管是在国内还是国外，不管是在当下还是历史上。连接高手的成功案

在西学东渐的过程中，发生过很多荒唐的事情。如1865年，英国商人杜兰德在中国首都北京宣武门外的平地上，建造了一个不足1千米的模型铁路，用实物演示的方式告诉中国人：这就是火车。但他低估了中国人拒绝新事物的决心，从官府到民间，一致认定这玩意儿不能有，民间尤其反应激烈，"骇为妖物"，甚至引发了骚乱，最后不得不出动军队来平息。而欧洲人也没有多么高明，在火车刚刚试车成功的那些年，这个又笨又大的铁家伙

遭到的冷眼绝对比赞扬多。每次火车开出的时候，总有很多农场主驾着马车和火车赛跑，还每每把火车比下去。比完之后，这些自费参赛的人还会在酒吧里，一边举杯相庆一边继续调侃火车。

今天，近两个世纪过去了，再也没有比火车快的马车了，中国的高铁技术都已经享誉世界了。回顾类似的历史，我们只能说，任何能够引领世界的技术或伟大而卓越的事情，在一开始的时候都是普通人所不能了解，也无从了解的。我们大部分人可能永远也成不了科学家，无法从真正意义上走在时代前面，但我们至少可以通过成熟的信息窗口与知识渠道做一些必要的了解，试着理解世界的趋势，尽量与它同步，也就不难成为时代的高手了。

2. 连接让你不再是学海中的孤舟

连接原本只是一个工业术语，指用紧固件将分离的型材或零件连接成一个复杂零件或部件的过程，后来逐步拓宽至其他领域，如编程中的连接，以及知识、思想等方面的连接。

一架现代飞机会使用上百万个各类紧固件，或者说，飞机就是无数个原本孤立的零件，但因为进行了有效连接，它却可以在天上飞，这是多么神奇！学习也是这样，如果你不懂连接，你或许可以在某一领域做到很精很深很透，但却很难在更大维度上飞翔。退一步讲，即使只想把某一领域做精做深做透，也需要做连接。

我们都听说过一个小故事：

一位父亲带儿子去散步，在公园里看到一块石头。父亲指着石头问儿子："你不能把这块石头搬动呢？"儿子很积极地尝试了半天，但石头实在太大，怎么也搬不动。于是他告诉父亲："爸爸，我搬不动，我尽力了！""你真的尽力了吗？"父亲说，"你自己尽力也不行啊。我就在旁边，你为什么不向我求助呢？"说完父亲走过去，很容易就"帮"儿子搬动了石头。

很多知识也是这样，凭我们一己之力，咬定青山不放松，最终也可能会啃下来，但时间成本巨大。要记住，我们要的是掌握知识，而不是掌握知识的过程。必要时，必须打开求助模式。

作家古典写过一个故事，大意是说国内有个穷学生，想报考国外一个著名导师的研究生，为的是拿到全额奖学金。但这个穷学生不仅穷，平时也不太努力，不过他知道，申请国外大学不仅要看成绩，也看一个人的学术思维。恰好他还知道，这位著名导师最近刚出版了一本学术专著。于是他想，机会来了，我借着给他提问题的机会，先接近他再说！可是书买回来，却完全看不懂，他知道有人一定能看懂，那就是自己的系主任。于是他带着书找到主任："老师，我最近想做点儿学术研究，在看这本书，很多内容看不懂，您能给我讲讲吗？"主任接过书，心里一颤：这小子可以啊！这书我都未必能啃得动。主任毕竟是主任，让他先回去，明天再来。当天晚上，主任家的台灯亮了一夜。第二天，主任不仅给他讲了书的大概，还有额外赠送，这书其实有一定局限性，比如……穷学生全部记下，然后原封不动译成英文，再配上一些恰到好处的恭维，寄给著名导师。著名导师能不震惊吗？知我者，此生也！于是很快回复了他。穷学生还是看不懂，但他马上又去找主任了，主任家的台灯又亮了一夜，然后穷学生又把主任的话原封不动寄往国外。一来二去，这位穷学生竟顺利申请上了这位海外著名导师的研究生。不必担心他能否胜任未来的学术研究，一来那是以后的事情，二来他无意中已经掌握了最有效的学习方式——联机学习，这种方法使得他只会比别人更好，而不是更差。

联机学习也好，连接也罢，本质上都是一回事。能把握住这一本质，一个人就不难实现跨越式发展。反过来说也成立，如果不懂得连接，就算有极好的天赋或天赐资源，也未必能获得好的生存与发展。比如这几年频频上热搜的委内瑞拉，那么多石油，只缺个接口；那么多粮食，偏偏没法连接，以至于陷入全民饥荒。

连接高手的成功案例，首推孙正义。孙正义的过人之处，不仅仅在于他懂得连接，还在于他不跟普通人做连接，他所连接的人都是世界上最厉害的那群人。

比如说，他十几岁去美国旅游，觉得美国不错，当即决定到美国去上学。上学期间，他就开始创业。第一步，也是最关键的一步，他直接去找了当时的全球半导体领域最牛的科学家，软磨硬泡，非要人家把专利卖给他，买下来之后他就做了一个电子辞典。现在看来这是很过时的技术，但在当时已经是顶峰了。仅有巅峰的技术是不够的，还需要支持系统，包括硬件，也包括营销。营销方面，他想把自己的电子辞典卖到日本，从头做起既不现实也不是孙正义的风格，于是他直接找到了稻盛和夫等人，想尽办法跟他们连接。就像当初从科学家手里磨专利一样，他照样不厌其烦，天天求见稻盛和夫。大神岂是那么容易能见到的？他天天去求见，最后连助理都烦了，见孙正义总是自信满满，也真怕耽误了什么事便为他们安排了见面时间。总算见到了稻盛和夫，聊了几个小时，双方就连接上了。硬件方面，孙正义需要芯片，他直接写信给惠普负责人，要求对方给自己供货。当时惠普如日中天，孙正义是名不见经传的小虾米，人家根本不搭理他。孙正义还是那一招，反复写信，最终引起了对方的注意，给了他几个小时的时间，见面一聊，又成功连接上了。

总之，连接是一种思路，只要你活学活用，便可以连接万事万物。甚至像马斯克那样，搞人机连接，也不是完全没可能。不要担心别人不让你连接，连接是相互的，你想与人连接，别人也想，甚至为之踏破铁鞋。这个世界从来都不缺资本与资源，缺少的是能在混沌中发现关键连接点的人，希望你就是这样的人。

3. 在知识里潜水，而不是溺水

苏东坡曾经写过一篇文章，说有个盲人理解不了太阳，于是便去请教眼睛健康的人。

有人告诉他："太阳就像铜盘。"说完把铜盘敲了一下，盲人记住了当当的声音。后来他听到钟声时，误以为是太阳，被笑话了一番。盲人又问别人，有人告诉他："太阳是有光芒的，就像蜡烛。"盲人找来蜡烛，反复抚摸，记住了蜡烛的形状。后来有一天，他摸到了一种叫作龠的乐器，这种乐器类似笛子，与蜡烛的外形差不多，于是盲人惊呼起来："呀！太阳在这里！"

　　为什么人们反复给盲人描述太阳，盲人也没能正确的理解呢？

　　苏东坡举例说，南方有很多会潜水的人，是因为他们每天与水为伴，七岁就能趟水过河，十岁就能浮于水面，十五岁就自然而然地能够潜水了。他们潜水的技术可不是随随便便就能掌握的，是从小沿水而居，日夜在水中摸索，才最终习得的。但很多北方的勇士不明白这一点，以为只要找个会潜水的人求教，懂得些潜水的道理就行，结果跳进河里，再也没能出来。而那些想不通过努力学习就得到学问的人，与那些不幸的溺水者是一样的。

　　我们这个时代是知识爆炸的时代，同时还伴随着信息爆炸、数据爆炸，各种爆炸炸出各种碎片，如果说过去上网就好比在大海里冲浪，现在上网则像是在大洋中游泳，根本看不到地平线与着陆点。有时候你以为自己发现了一个岛屿，拼尽全力游过去，却发现那只是个浪头。它可能是比特币，也可能是 AI，还有可能是直播，是自媒体，总之让你兴奋不了多久，又让你沮丧，并且感觉越来越空虚。惟一欣慰的是，身边还有不少相似的人，大家还可以相互点赞，相互取暖。

　　所以，我们要在知识里潜水，而不是在信息里溺水。这么说有点儿空泛，我们来看一个具体的案例：

　　1950 年 6 月 25 日，朝鲜战争爆发，冷战进入新的阶段，美国政府开始大量制造战斗机、轰炸机及其他各式飞机，并严密封锁相关数据。这里所说的"数据"，涵盖整个飞机制造业，也涵盖与飞机制造业密切相关、匹配的所有行业数据,如特种金属、铝、铜、钢铁等。这急坏了华尔街的投资家及一众分析人士,因为大家都想准确预测美国政府的备战计划对股市的影响,而正确预测这一影响首先要了解美国政府对原材料的需求量,特别是对铝、铜和钢材的需求量。但是前面讲过,这些数据都是保密的。

投资家们只好求助那些以经济预测和分析服务为专业的调查机构。但因为缺乏基本数据,这些机构照样一筹莫展。正是在这种情况下,在一家名为美国工业联合会的调查机构中,一个年轻人自告奋勇地站了出来,说自己可以试试看。这个青年人就是日后大名鼎鼎的艾伦·格林斯潘,当时他只有24岁,大学还没毕业,为了支付高昂的学费,才来这个机构做兼职调查员。老板一时想不到解决办法,只好抱着试试看的心理,让格林斯潘马上着手。

最初,格林斯潘也像其他人一样,试图从公开信息中打开缺口。于是他首先去搜集当年国会听证会的所有会议记录,在平常,这些信息都面向大众公开,但战争来临,一切都变了。所有与军用飞机制造相关的信息,包括飞机型号、飞机编制、飞机用材、计数生产架数等,全被军方保密局封锁得滴水不漏。格林斯潘只好止步于公开信息,转而搜集战前一年来的新闻报道与政府公告,后来又前溯至"二战"期间及"二战"结束后的所有相关数据。因为那时候,美国军方还未对这些军工数据采取保密措施,格林斯潘得以从将近10年的国会记录以及堆积如山的新闻报道中,寻找到了看似有限实则丰富无比的数据,然后他又以1940年为起始年份，通过更多渠道，千方百计汇集来更多与飞机制造行业有关的数据和政府采购信息。他甚至还找来了各种飞机制造厂的技术报告和工程手册，各相关企业的生产报表、管理报表和大量统计报表，以及一些外围企业的订单数据，一头扎进去，计算再计算，推导再推导，最终预测出了美国政府对各型飞机的需求量，再细化到各型飞机各自需要多少铝、铜和钢材等原材料，得出了美国政府对原材料的需求量。

之后，格林斯潘撰写了两篇很长的报告，先提交给老板，然后又发表在当时很有影响力的杂志《经济记录》上。由于他计算出的数字非常接近美国军方保密文件中的数字，给许多投资者带来了丰厚的回报。当然，格林斯潘也因此引起了美国军方以及世人的普遍关注。从1987年8月11日起，格林斯潘先后五次就任美联储主席，这在美国历史上前所未有。在他的第一任任期内，一个当年曾在军方保密局任职的同事曾对他说："当年看到你计算出来的数据，吓了我们一大跳，还以为你窃了密，差点就要派秘密警察跟踪你！"

我们不是格林斯潘，但这一点儿并不妨碍我们学习他的思路。他是用一身本事潜入数据的汪洋大海，这种本事我们可以简单地把它称之为打捞知识的知识，看起来很难，但格林斯潘24岁时就顺着这种思维学习或工作，如果我们也向他学习，谁敢断言我们不能在未来取得骄人成就呢？或许在某一天，某种很高端的理论就会以你的名字命名呢！

4. 世界很复杂，但规律很简单

著名学者何帆曾写过一篇文章，叫《我们都是大数据时代的海狸》，文章从大数据领域的顶级专家亚历克斯·潘特兰的年轻时代说起。1973 年，潘特兰还只是个大学三年级的学生，他以一名电脑程序员的身份到美国国家宇航局环境研究所实习，研究所分配给他的任务是开发一个利用人造卫星从外太空数清加拿大领土内所有海狸数量的软件。人造卫星的精度不是问题，海狸的个头也不算小，但这种啮齿科动物与它们所有的表亲一样，天生胆小，自卫能力很弱，习惯夜间活动，白天很少出洞，所以很难精确测度。怎么办？潘特兰灵机一动，想出一个主意：海狸有一个独特的本领，就是筑坝，只要数清海狸坝的数量，就可以推测海狸的数量。尽管所得到的数据未必完全准确，但已是人类能力范围之内所能得到的最准确的数字了。

我们生活在一个无比复杂的世界里，这不言而喻，但不需要成为科学家或观察家，我们也多少能发现一些潜伏其内的简单规律。比如：不论我们怎么努力，寿命也不会达到 1 万年；一棵树不管怎么生长，也不会超过 1 万米；不论剧作家们怎么想象，地球上也不可能产生体重超过 2 万吨的哥斯拉。再比如，植物虽然没有血管，但有类似的维管束；无论哺乳动物的体形有多大，每呼吸一次均心跳 4 次等。

再或者，用美国作家杰弗里·韦斯特的话说："在自然界中，几乎没有什么东西是平缓的——大多数事物都是有褶皱的、不规则的、细圆齿状的，通常都以一种自相似的形式存在。想想森林、山脉、蔬菜、云和海洋表面。由此一来，大多数自然物体都没有绝对的客观长度，在陈述测量结果时，很重要的一点是要报告分辨率是多少。但是，人们竟然花了超过 2000 年的时间才意识到如此基本、显而易见的事实。"

其实，他的话并不严谨。因为在很早的时候，我国古人就发现了很多客观的自然规律并且遵循它、应用它。如现在仍在使用的二十四节气歌。我们讲一个具体的人——财神范蠡：

范蠡是个传奇人物，他出身贫贱，但博学多才，先是辅佐越王勾践兴越灭吴，成就霸业，又急流勇退，化名鸱夷子皮，三度通过经商致富，又三度散去家财，被后世尊为财神。而且我们知道，他所生活的时代，商品经济很不发达，贸易的商品不是农产品就是围绕着农产品打转的其他产品。不过范蠡明白，农产品的根基是农业，而农业受自然界的影响较大，其价格波动也必然会受相应规律的影响。不仅如此，世间万物也皆有运行的法则和规律。放到今天来说，就是要尊重市场规律。范蠡不仅做到了这一点，而且非常灵活。比如在讲到进货时他说，商人要在夏天购入皮货；要在冬季购入丝绸；要在旱季购买舟船；要在雨季购买车马，等待需求旺季的到来。乍一看，这与传统的经商理念背道而驰，实际上是看到了规律，并且看到了规律的变化，同时打好了提前量，留出了时间差。再说具体点儿，这是顺着价格的规律前行，是核心规律，普通人都知道自然规律，只是外围，而那种看着什么产品销售势头好，马上去就做市场的思维方式，看似更符合正常商人，但其实就是盲目跟风，不动脑筋。

规律就是这样，想要认识它、运用它，首先得有规律意识与规律思维。当你有了这种思维，世界再复杂也只是表象，旁人看起来风马牛不相及的东西，在你眼中却有着必然逻辑。

为什么普通人看不到、做不到、懂不了？那是因为有些人有意不让我们懂，或者说也不懂，所以自欺也欺人，把原本简单清晰的逻辑搞得日益复杂，让所有人如坠云里雾中，才显得他们高人一等，成就非凡。其实，从认知心理学的角度看，这恰恰是对自己的学问和能力缺乏自信的表现。

很多人喜欢博弈，其结果就是把这个原本复杂的世界搞得更复杂。比如，老板如果觉得一切都有必要制度化，就会设置很多规章制度来规范员工的行为乃至思想。员工觉得不被信任或尊重，就会在失望之余想办法钻制度的空子。老板只好设置更多更复杂的制度来对付员工。一来二去，老板心力交瘁，员工斗志全无。大多数单位解决问题时都是这样思考的，都是"用复杂对付复杂"，只有极少数人能够把复杂的问题简单化。

把复杂的问题简单化，以前这可能就是一句空话，但具备了规律思维，它便不再是一句空话。而且所谓的"简单化"，也只是表面上的简单，实则是找到了复杂表象之下的基本规律。海狸会筑坝，这简单吧？但如果研究它的人不具备一定的动物学知识，简单又如何？风调雨顺粮食就会增产，粮食增产价格就会相对便宜，这也简单吧？但你自己做做粮食方面的生意就会发现，这看似简单，实则不简单。就像苹果给我们呈现的界面很简单，但为了这个界面，乔布斯当初得面对一大堆问题，解决一大堆问题，要付出外行难以想象的心血。正应了那句话，简单是最复杂的精密。

矛盾吗？

不。

只要你能跳脱传统的二维思维框架，打破非此即彼的桎梏，你就能重新审视周遭的一切，掌握这个复杂世界的基本规律，自由出入，任意往来。

5. 加杠杆，不如加点儿杠杆思维

所谓杠杆思维，最好的例子还是阿基米德的名言："给我一个支点，我就能撬起整个地球！"

尽管我们注意到，他并没有提到杠杆，而是"支点"，但这其实是一种强调。也就是说，所谓杠杆思维，就是用极小的成本去撬动极大的资源从而做到收益最大化的思维，其诀窍则在于找到推动事情发展的决定性因素，而决定性因素即是这个杠杆的支点。

杠杆令人着迷，因为它意味着投资者可以用较小的资本参与较大的博弈。没有杠杆，资产投资将始终是富人的游戏，然而，有了杠杆，很多普通人却连普通人也做不了了，一夜之间沦为"负翁"。

在当下，杠杆几乎无处不在。而资本市场真正的残酷性在于：

就算你具备了杠杆思维，但始终无法确定哪里是最好的切入点。股神也好，股仙也好，本质上都是在与风险博弈。与其冒险，不如在学习上加点儿杠杆思维，它能让你避免相应风险，同时从更高维度去撬动整个人生。

看看财富排行榜上那些财富英雄，他们也许的确比我们勤奋、聪明，但是不至于勤奋上百万倍吧？

我们也可以退一步，看看身边很多90后，甚至00后，短短几年时间，就实现了财富自由。你说他比你努力吗？肯定不是，无论是能力与态度，他不一定比得上你。你说他选择对了？也未必，你也一直在紧跟移动互联网、人工智能的大潮。你说他命好？或许也只能这样自我安慰了。？

到底是因为什么？

思维。

思维观念不同，即使面对同样一个事物，看到的东西也是完全不一样的。普通人看见树木，高手看见整片森林。

简单来说，他们具备或者说是暗中契合了杠杆思维，找到了支点，放大了优势，成为了佼佼者。

只要思维不卡壳，人人都可以找到自己的支点与杠杆。比如一个普通的文字工作者，他可能雇不起人，但是他可以通过自媒体，用有限的时间创造一个产品，卖给理论上上不封顶的无数潜在客户。所以你懂为什么现在互联网课程很火爆的原因了吧？一经录制，无限次使用。一分耕耘，万分收获！为什么不试试呢？

前面我们曾经讲过孙正义的例子，说他是连接高手，不跟普通人做连接，所连接的人都是世界上最厉害的人。这其实就是杠杆思维，杠杆思维要求我们做事情一定要抓重点，解决问题一定要找支点，持续地抓住重点，撬动支点，就抓住了最高效率的关键。

古今中外，读书都是有效的改变人生命运的杠杆。通过少量的杠杆资金（买书的钱），就可以把别人的毕生经验复制到你的脑袋里，何乐而不为呢？

不过，读了这么多年书，我也是最近几年才知道，读书也要有杠杆思维。有些书，需要反复读，一生读，常读常新。它们的功用不仅仅在于提供知识与思想，还能陶冶性情，提升境界，找到依止。有些书挑着读读就行，更多的书，翻翻就可以，千万别掉在里面。

其实，根据意大利经济学家帕累托的二八定律，世界上大多数事情都遵循着 20/80 法则，你一定要狠抓落实那决定命运的 20%，收获那让人激动的 80%，而不是本末倒置，得不偿失。尽管这很难，可它也蕴含着最大的价值。

如何具体去找呢？这就要求我们具备系统思维，即把一个人、一个组织、一件事、一个项目或者更多的人、更复杂的事，看成一个系统，每个系统都有杠杆点，你要做的事情就是找到这个杠杆点，然后想方设法撬动它。这个过程可能需要你恶补一些知识。有些系统比较简单，找到关键支点，一撬即可，有些系统比较庞杂，在找到关键支点的基础上，还要继续深入，寻找更微妙的支点，也就是在杠杆思维的基础上再加杠杆。只要战略没错，细节足够，你就能在这个混沌的世界里游刃有余。

6. 头部效应：位置比努力更重要

什么叫头部效应？其实就是二八定律的另一种叫法。

1895 年，意大利经济学家维尔弗雷多·帕累托在研究国家的财富分布时，发现了一个很有趣的现象——每个国家的财富都呈现出一种分布方式，即少部分人占据了大部分财富，而大部分人拥有少量财富，大致的比例是 20% 的富人占据了社会财富的 80%，这就是所谓的二八定律，也叫 20/80 法则。

如果把它以坐标的形式呈现出来，我们会看到，它的头部向左靠拢，右边则是长长的尾巴。据此，它又有了两个名字：长尾效应与头部效应。

如前所述，世界上大多数事情都遵循二八定律，我们一定要狠抓落实那决定命运的 20%，收获那让人激动的 80%，而不是本末倒置。而谈到头部效应时，我们还有必要加上一句，那就是"位置比努力更重要"。

中国古人早就说过，"宁为鸡首，不为牛后"。鸡首是什么？不就是小范围内的头部嘛！牛后是什么？不就是大环境中的尾部嘛！还有人将"牛后"解读为牛的肛门，这还不如尾部了，相当于尾部的尾部，通往头部的路无比漫长，层层天花板，更加看不到希望。

按照这一思路去看《水浒传》，所谓的官逼民反，其实是官逼官反，是高级官员逼着中下级从属官员上梁山，然后硬生生地把梁山打造成了头部。黄巢、李自成、洪秀全，以及很多农民起义领袖，原本也都居于尴尬且憋屈的"牛后"位置，大家翻翻史书就能一目了然。

抛开历史不谈，互联网时代，头部效应愈加明显。各个领域内，关注度相对集中的公司、题材、IP 等，都可以成为该领域的"头部"，头部就是一个赛道内占据前几名的那部分。因此有人说，互联网时代是几个头部与众多长尾的时代。头部会获得更多的关注和资源，有巨大的借势优势，很多投资者只投每条赛道的前两名的原因，就在这里。

就算是玩个知识竞赛，都离不开头部效应。

比如，哪座山峰是世界第一高峰？谁都知道是珠穆朗玛峰。

那第二高峰呢？答案是乔戈里峰，很多人就不知道了。

再比如，谁是第一个踏上月球的人？答案是阿姆斯特朗。

谁是第二个呢？是巴兹·奥尔德林，但有几个人听说过个这个名字呢？事实上，他也拥有一个全人类第一：他是第一个从外星球回到地球的人。可有谁知道呢？

可见，因为关键的头部没把握好，再多的次级头部也无法弥补。

曾经有人在知乎上问过一个问题："为什么有那么多人在一些平台上搔首弄姿，然后一群猥琐男拿着血汗钱去打赏，一点儿正能量都没有，国家却不封杀相应的平台呢？"有不少人直接指出，这位提问者的思想"应该还是上个世纪的思想"，也有一些人从头部效应的角度指出,有人违规自有规则去管他们,但自媒体也好,国家级新闻机构也好,都应该学会利用这一头部资源,及早入驻。因为头部平台不仅会把我们有限的资源和能力无限放大,还自带加速度功能,带给你更高、更多的收益,而这又让你可以投入更多资源,继续扩大优势,获得长尾部位的芸芸众生们不敢想象的高速增长。

"位置比努力更重要",我们这么说,不是让人消极,更不是让人放弃主观能动性,而是提醒大家,位置不仅仅是位置,本身也是很多人努力的成果。一个有价值的位置后面,往往都有一个强大的团队在默默地支撑着。我们应该向这些人致敬,但如果不是在后台默默付出、慢慢成长时,就一定要站到舞台中央,成为头部的头部。

古人说,天时不如地利,地利不如人和。但是,人和可以创造,而天时与地利只能把握。天时就是时机,而地利就是位置。古人又说,"女怕嫁错郎,男怕入错行",姑且抛开"什么行业是对的,什么行业是错的"问题不去谈,能够选择的话,就一定要选择头部行业。在头部行业中又有头部公司与头部部门、头部岗位等细分话题,那些处在头部部门也就是核心部门的人,与非核心部门人员的收入与成长速度,是不可能相提并论的。

如果你现在还是一个迷茫的年轻人,想知道自己该干些什么,那么我会建议你先审视一下自己的头部优势,如果缺乏一门安身立命的本事,那就先进入自己能进入的头部,去最大的城市,进最热门的行业,因为这里汇聚了最多的头部资源与头部智慧,你相当于与时代同步，与精英同行，假以时日，肯定比你在小地方蹭蹬蹉跎有意义的多。

7. 迭代让你稳稳地抵达目标

迭代——这是近几年的热词，大概是伴随着智能手机的普及，一并被普及开来的。在此之前，人们更多提及的一个与之相近的词，是"升级"。升级很好理解，大家也很熟悉，比如 Windows 每年都会升级，从 95 到 XP 再到 win7，这就是升级。而迭代就相对令人费解，让人觉得似是而非。其实没什么好费解的，迭代的本意是反复，延伸意义是反复执行、反复调整、反复优化，最后得到最好的结果。

迭代不等于优化。

二者最大的差别在于，优化更多的时候描述的是一个结果，是一种直接的、一次性的、达成的目标，是一种线性的进程；而迭代是非线性的，是通过无数次、不断的、重复的接近一个目标，折返、接近，再折返、再接近，最终达到目标。

或者说，优化是结果，而迭代，即是结果也是过程。

举一个软件开发方面的例子，之前人们开发一个软件，通常会遵循温斯顿·罗伊斯的"瀑布模型"，简单的说就是先定义需求，然后构建框架，接着写代码，之后测试，最后发布一个产品。这样起码要几个月的时间，通常会把 IT 狗们搞得油尽灯枯，直到最后一天发布时，大家才能见到一个产品。可是，客户在见到这个新产品时告诉你，"这不是我想要的东西"，怎么办？答案是改。可这时已经过去了很久的时间，改也不可能是小改，这就会把双方同时置于尴尬的境地。迭代的方式就完全不一样了。假设相关产品的客户要求我们6个月交货，那么我们在首月就会拿出一个初级产品，它肯定会很不完善，会有很多功能还没添加进去，bug很多，还不稳定。客户看了以后，马上会提出更详细的修改意见，这样，你就知道自己距离客户的需求有多远。然后带领整个团队不断改进，不断拿出更完善的产品来，给客户看，欢迎他们提意见，逐渐接近客户的要求，而不会出现之前所说的那种情况。

再来看看李昌镐的致胜之道。

李昌镐是韩国著名棋手，创造过多项围棋纪录，开创了"李昌镐时代"。他还有两个绰号，一个是"石佛"，一个是"少年姜太公"。石佛，是说他寡言少语，不太活泼。少年姜太公，是说他年纪轻轻就老谋深算，像姜太公一样，有过人的智慧，又有超常的耐心，很难对付。

我们知道，传说中的姜太公一生不得志，却从不气馁，直到80岁才成为周国的谋臣。李昌镐将姜太公的一生浓缩在每一盘棋中。他在开局后，总是慢慢地、按部就班地行棋，直到最后一刻才追上对手，并且反超。而且一旦他反超了对手，就不会再被反超，因为已经是最后一刻了。所以少年成名的他，在12岁就被韩国棋界称为"老棋"。

另外，李昌镐下棋很少有妙手。有一次，记者直接问他原因，他想了很久才说："我从不追求妙手。"为什么？面对记者的疑惑，他又说："每手棋，我只求51%的效率。"记者还是不懂，因为众所周知，棋子效率越高，棋手越占优势。李昌镐只好再奉上一句："我从来不想一举击溃对手。"记者再追问，他沉默了，恢复了石佛本性。其实他已经说得很明白了，只是记者不太专业。只求51%的效率，已经能确保棋手胜出。高手之争，差在毫厘。而李昌镐最使对手们头痛的，恰恰是"半目胜"。也就是只赢对手半目，让你干生气，没办法。这种事情在"阿尔法狗"问世之前，还没有人可以经常性地做到。

那么，李昌镐是怎么做到的？

天赋是一部分，更重要的是迭代精神。8岁那年，他在全州和有着"曹霸王"之称的曹薰铉下了两盘让三子的指导棋，赢了曹薰铉。当时曹薰铉就意识到李昌镐是天才，于是收他为徒。此后8年，李昌镐住在曹家，每晚都认真读棋谱，读老师家的棋书，电灯夜夜都在子夜才熄灭。曹薰铉家中的数千册棋书，李昌镐先后读了三遍。有人笑着对曹薰铉说："你家里有一个贼，每天都在偷你的东西。"曹薰铉一笑了之。说来大家可能不会相信，8年中，曹薰铉只和李昌镐正式下过10盘棋。说来大家更不会相信，李昌镐还有个弟弟，叫李英镐，兄弟俩身材反差很大，于是有人问他："为什么你的弟弟比你高、比你壮？"李昌镐回答说："很简单，我爱上围棋之后，就一直在棋盘边坐着，没时间进行体育锻炼，而弟弟不是这样。"

这讲的就是用心和用功了。时下，社会上有一些很不好的氛围，什么都求快，什么都讲智慧，而不讲用功与做功。其实，求快不是不可以，讲智慧也不是不对，比如迭代思维，它就是求快的，也是一种智慧，不过它兼顾了用功与做功。它是一种思维，更是一种精神，希望每一个人都能够在迭代思维的指引下，稳稳地抵达自己的目标。

8. 找到高度自律的自己

在自我学习过程中，我们必须掌握的一件武器，就是自律。

自律的前提是自省，自省的前提则是自知。从个人修养角度来说，自知意味着客观地、全面地、正确地认识和评价自己，为自律打下良好的基础。这就是所谓的"自知者明"。不能自识、自知，就无从自律。

举个例子：

有一次，著名教育学家张伯苓在课堂上发现一个学生的手指被香烟熏黄了，便严肃地劝告他："抽烟对身体有害，要赶紧戒掉它。"没想到那个学生不服气："你不也吸烟吗？你吸烟就对身体没有害处吗？"张伯苓没有觉得下不来台，而是歉意地笑笑，并且马上让人将自己的香烟全部取来，当众销毁，还折断了自己用了多年的心爱的烟袋杆，诚恳地说："从此以后，我与诸同学共同戒烟。"后来，他果然再也没吸过一口。

张校长以身作则，值得敬佩。但若不是学生的诘难，他什么时候才能意识到自己也需要戒烟呢？我们普通人就更加难以自省，难以自律，因为学习从本质上看就是同人性做斗争。所以我们经常看到，有很多人总是把学习挂在嘴上，同时也把各种休闲娱乐落实在行为上。

所以王安石说："不患人之不能，而患己之不勉。"人要学会自我勉励与自我管理，而且不能只是偶尔为之，它必须成为你的生活方式才行。比如，我每周会花六天时间专职写作，其余一天以及这六天中的任何时候，都会有意识地收集写作材料，以备日后参考之用，雷打不动，目前已坚持十年。毕达哥拉斯也说过："不能约束自己的人不能称他为自由的人。我们的自律并不是让一大堆规章制度来层层地束缚自己，而是用自律的行动创造一种井然的秩序来为我们的学习生活争取更大的自由。"确实是这样，我每周写作六天，剩下的一天还有意识地去收集写作材料，看似很辛苦，实际上这是以自由为前提的，我十年如一日的自律，为的也正是这份自由。恰如很多自由工作者不需要坐班，在家里可以睡到自然醒，一旦工作起来，却也可以做到完全投入，不受任何干扰。你想做自由人吗？那就先从自律做起。

自律的首要功课，就是破除找借口的倾向。比如你在吃完饭后不想洗碗，你的大脑马上会给你推送理由，今天很勤奋，很累，也很有成就了，明天再洗吧！理由足够充分，但你必须知道，这统统都是借口，然后马上告诉自己："为什么是明天？马上就洗吧，你有吃饭的力气，就应该有洗碗的精力！"

不能自律的人，通常来说都是放纵型人格。工作没问题。但我先奖励一下自己，玩会儿游戏，就半个小时。结果半个小时很快过去了，他却掉进了游戏的汪洋大海里。所以在工作完成之前，要先把奖励挪开。在有资格吃正餐之前，绝不要去碰甜点。

自律还有很多内涵与外延，有时甚至显得很奇葩。比如，西点军校的校规中有一条，"即使身上很痒，也要忍住，不能去挠"。这就是自律。因为西点军校培养的是军人，想想看，一支部队从指挥官到士兵都左摇右摆地挠痒痒，他们能有战斗力吗？

总之，我们要找到高度自律的自己，让精进成为生活的常态。

如何精进呢？就从"精进"这个词本身说开去吧。

精进本是禅语，指的是刻苦努力，向上向前。我们在很多影视作品中看到，不管是正式的出家人，还是一些在家的善男信女，都会敲木鱼。为什么称之为木鱼？而不是木猪、木狗、木鸟、木虫呢？这是因为鱼没有眼皮，就连睡觉也睁着眼，佛家就用它来警醒后进，不要总是睡不醒的样子，要打起精神，刻苦向前。同时，敲木鱼也是在敲打自己：鱼如此清醒，还要不断敲它，使它更警醒，我辈又怎能不打起十足精神、努力学习，而去虚度宝贵的光阴呢？

自律还意味着自我取舍，要懂得并且敢于舍弃那些不属于你的机会，不再眼高手低，迷茫痴望。普通人最喜欢的事情就是关注一些离自己很遥远的赛道，其结果就是只能做别人的拉拉队。

网络时代，各大平台上天天都有各位大佬的各种数据、信息、讲话、论坛，动辄世界、宇宙、未来、全人类、高科技，听得你心潮澎湃、热血沸腾，但澎湃之后，沸腾之后，最适合你的那个词还是"凉凉"，因为这些丝毫无益于你解决眼下的困局。所以这些信息适当看看就好，如果你是学英语的，就多背背单词；如果你是学音乐的，就多练练唱功……要排除干扰，做自己该做的事情，形成自己的节奏。

举例来说，曾就读中国科技大学少年班的张保国，入学时只有 12 岁。盛夏酷暑，他也把房门紧闭，趴在桌上学习，通身是汗。别人问他为什么一定要关着门，他说："开着门，总有人到门口来张望，会分散注意力；开门通风，也会把书吹得乱翻，影响思想集中。" 12 岁的孩子，就有这样的意识和意志，令人赞叹。

总之，要时刻把自己的注意力集中在身边最重要的事情上，也就是找到自己的头部，并投入其中，不要想太远，世界那么大，未来那么好，但这些一向只跟自律的人有关。

第七章

做一个终身学习者

很多人喜欢玩游戏，但从来不曾想过，我们之所以一打开游戏界面就停不下来，闯完一关还想再闯一关，有时甚至会忘记时间的流逝，有一个很重要的原因，那就是游戏设计人员在游戏里设置了很多小奖励，这些不断取得的小奖励能够让我们收获即时快乐，不断产生多巴胺，以至于让我们沉迷在游戏的世界中，不能自拔。那我们为什么不能在学习的时候也参考一下游戏机制呢？如果能收获确切的知识，也收获稳稳的快乐，你的学习之旅肯定比别人走得更远、学到得更多。

1. 活到老，学到老

春秋战国时期，晋国出了一个名叫师旷的传奇人物。

师旷天生眼盲，但勤学不倦，有才有德，历史上留下了许多关于他的传说。

首先，关于他眼盲的原因就有好几种说法。有人说他是天生眼盲，前面我们也交待了，不必展开；有人说他的眼睛是自己熏瞎的，因为他觉得眼睛看到的东西纷繁杂乱，让他无法专心学习，所以用艾草熏瞎了自己，让自己清净安定。这当然不宜模仿，我们理解这么讲的人的用意就好。还有人说，他的眼不是自己熏瞎的，而是自己刺瞎的。因为他自幼酷爱音乐，聪明过人，可是生性爱动，于是在向卫国宫廷乐师高扬学琴时，用绣花针刺瞎了自己，然后发愤苦练，终于青出于蓝而胜于蓝。同样，不宜模仿，也不欣赏，只看其精神就够了。

有这种学习精神的人，不可能只做一个琴师。凭借其艺术造诣、满腹经纶和政治抱负，师旷先后赢得了晋悼公与晋平公的信任，位至太宰，相当于后来的宰相与丞相。《淮南子》说：他当太宰时，"大治晋国"，晋"始无乱政"。毫无疑问，这中间发生过很多有意义的小故事。

比如有一次，晋平公对师旷说，你这个人真不容易，天生眼盲，饱受昏暗之苦。按照传统叙事，师旷本来应该说几句"谢谢领导关心"之类的话，他倒好，借机教育起晋平公来。他说："天下有五种昏暗，但不包括眼盲。其一是君王不知臣子行贿博名，百姓有冤无处伸张；其二是君王用人不当；其三是君王不辨贤愚；

其四是君王穷兵黩武；其五是君王不知民计安生。其实我们还可以再加个其六：君王不学无术，得过且过。实际上，师旷所暗示的君王，就是晋平公本人。

晋平公这个人，不算太坏，也有自我完善之心。比如有一次饮宴，他多喝了几杯，然后得意地说："天底下的事情，没有比做国君更开心的了，谁敢违背国君的话呢？"师旷在旁边陪坐，听完，拿起自己的琴，撞向晋平公。晋平公意识还很清醒，一跃躲开了，琴撞在墙壁上，坏了，可见力度不小。晋平公问："太宰您这是想撞谁啊？"师旷说："我听到有个小人在讲话，所以撞他。"晋平公说："不是小人讲话，是寡人。"师旷说："是吗？那这不是做君主的人该讲的话。"旁边有人站出来，要求晋平公惩罚师旷，但他说："算了吧，把这作为我的鉴戒。"

还有一次，晋平公听着师旷的演奏，悲从中来，说："有很多东西我还不知道，可我现在都七十多了，想学也太迟了！"师旷笑着说："那您就点上蜡烛学呗！"晋平公有些不高兴："你是在戏弄我吗？"师旷解释说："我怎敢戏弄大王？只是我听人说，年少时学习，就像走在朝阳下；壮年时学习，犹如在正午的阳光下行走；老年时学习，那便是在夜间点起蜡烛，小心前行。烛光虽然微弱，比不上阳光，但总比摸黑强吧。"晋平公听了，点头称善，这个故事也正是"活到老，学到老"这句话的原始出处。

"活到老，学到老"，用时下最热门的学习理念来说，就是终身学习。终身学习既是优秀者对自我的基本要求，又是宏观环境的现实需求。首先，人类社会已经发展了数千年，这几千年积累下来的知识与文化，岂是一个人从小学到大学的十几年时间就能完全掌握的？何况现代社会的发展日新月异，知识寿命大为缩短，个人用十几年所学习的知识会很快过时，如果不更新迭代，马上就会进入"知识半衰期"。据统计，当今世界90%的知识是近30年内产生的，知识半衰期只有5~7年。就好像现在再没有人使用之前曾经流行一时的寻呼机一样，很多相应的知识，也早已被淘汰了。而且人的能力就像电池一样，完全不用，也会随着时间逐渐流失。惟一的解决之道，就是通过学习不断用知识给自己充电。

今时不同往日，各行各业的关键词都是竞争，没有打不破的铁饭碗。你的工作在今天可能还是不可或缺的，可是到了明天，你的岗位就有可能不复存在，我们必须用不断学习来防患于未然。而且只是"活到老，学到老"还远远不够，比尔·盖茨讲过，在21世纪，人们比的不仅仅是学习，还包括学习的速度。可是，连终身学习的理念都不认同，还谈什么学习速度呢？

有些人喜欢大谈某某书籍影响了自己的命运，让他坐上了人生的火箭，一飞冲天。实际上按照我的经历而言，市面上能买到的任何书，都不足以从整个人生的维度上影响一个人，但是书还是改变了我的人生，这是量变引发质变的过程，一本不行就一百本，一百本不行就一千本，甚至更多。反正人总有一定的时间要用在某一件事情上，不是读书就是玩游戏，不是充电就是虚掷青春。古人说的好：开卷有益。广泛的阅读和学习的益处，只有那些亲身经历过的人才能懂，不实践的人永远无法理解。

终身学习，也是人生最重要的意义之一。意义这种东西，虚无漂渺，但绝对不能缺席。很多时候，那些对自己有要求的人，只有通过不断学习，不断探索，进而获得那种"自己在不断成长的充实感"，才能感受到所谓的意义。

终身学习，也直接与幸福度悉悉相关。幸福同样比较飘渺，但同样有迹可循。对大众来说，幸福感首先来源于一定的物质基础，其次是与身边的亲朋好友等相处融洽。在这个时代，没有相应的知识，物质不会对你微笑，人际关系也充斥着烦恼。古人身居陋室，还讲究"谈笑有鸿儒，往来无白丁"，一个头脑空白的人，他怎么跟生活中的高手唱和？又怎么能体会到相应的乐趣？

再退一步讲，只是为了适应这个不断变化的世界，也要求人们活到老、学到老，终身学习。以现实生活中的老人们为例，如果不能学会使用全自动洗衣机、微波炉、电脑、智能手机，怎么能享受到科技带来的乐趣与便捷？又怎么更好地教育下一代，传递自己的人生哲学、家教家风呢？

2. 你就是自己的教练

肯尼亚的标枪选手尤利乌斯·耶格，他在 2015 年成为了世界标枪冠军，成绩是 92.72 米，这并不是男子标枪的最好成绩，但尤利乌斯的经历很传奇。因为他并不是科班出身，训练时不仅没有教练，连标枪都得自己制作。他的祖国肯尼亚既没有像样的标枪，也没有任何标枪教练，但他却一步步地成长为世界冠军，打败了世界各国的运动员，让国家投资在他们身上的大笔资金化为嘲讽。他是如何做到的呢？很简单，在"油管"（YouTube）

上观看并研究专业运动员投掷标枪的视频，然后自己尝试着自我训练。所以他成名后，干脆被称为"油管先生"。

尤利乌斯之所以备受推崇，就在于他的故事发生在互联网时代，传递的也不再仅仅是励志精神，而是一种简单且有效的学习方法。他可以通过互联网成长为标枪冠军，你可不可以通过互联网获得某一方面的成长？当然。只要你不轻易否定自己，照着练习、练习、再练习，你一定会有所收获。

本杰明·富兰克林在自传中讲过自己学习写作的经历，简单来说，就是把那些优秀作品当作导师。首先，他会选择自己喜欢的一篇文章，仔细阅读，读完放在一边，用自己的话重写一遍。写完之后，他会拿自己的文章与原文进行对比，并反复改写，让自己的文章也可以像原文那样用词精准、行文简练。过程中，他发现自己与写作大师之间的差别是词汇量不够，他认识那些词，但那些词不能为他所用，于是他有意识地储备各种词汇。后来他又发现，写诗可以迫使他更好地运用词汇。因为写诗需要押韵，要求写作者用词无比精准，于是他不惜功夫，把相应的文章改写成诗歌，训练自己驾驭词汇的能力……经过一番自我训练，他的文笔越来越好，他的很多作品到现在还被视作经典。

不过，我们这一节的关键词不是"导师"，而是"教练"。它看上去不如"导师"那么高大上，但接地气，更具实操意义。以开车为例，你肯定不会找那些空有理论的导师，或者买本书自己琢磨，必须让既有车技又有教授经验的教练，从识别油门与刹车开始，一招一式带你，一点一滴指导你。等你完全掌握了，还要在副驾驶座上陪你一段时间，以免遇到突发情况时，帮你及时且正确地处理。

综上，有些知识与技能的获得，你必须要付出相应的金钱，去找专业人士或机构，而有些知识与技能，则完全不必。而且很多知识你自己不想明白的话，花多少钱都没用。

如何才能成为自己的合格教练呢？通常来说，只要能回答好以下 9 个问题就行。

1. 我真正想要的是什么？

遇到问题或挑战时，我们通常会把注意力放在问题本身，或者受压力、焦虑与负面情绪所扰，我们的潜台词往往是"我不想要这个"，而好的教练会告诉他的运动员，要把注意力放在成果上。看问题，只会带来无力感，看成果，则会生出无限力量。

2. 这符合我的价值观吗？

人们所做的任何事情，都与他的价值观悉悉相关。人们通常不会在工作与生活中去谈论它，但价值观确实是实实在在推动人们的行为、思考、选择背后的动力。很多时候，价值观还会自动导航，控制我们的行为。比如，当一个人认为诚实是美德且必须遵守时，让他说谎，其内心就会起冲突，换一个人，就可能完全没有问题，甚至能做到说瞎话不眨眼。所谓人各有志，不能勉强，当我们问出"这符合我的价值观吗"这一问题时，我们就开始了对"什么样的价值观在驱动着我们的人生"的思考，这样那些平时潜伏着的价值观就会变得显性，并强迫我们思考相应行为的合理性。很多人都是冒冒失失地先干了再说，等他们想明白时，又不得不痛苦地放弃。如果他们依然不清楚这是自己的行为背后的价值观在起作用，就会不断重复此类没有效果的行为。为避免这样的结果，人要清楚自己的价值观，才能选择合理的行为去实现。

3. 我想成为谁？

这个问题关乎身份，这是一个比价值观更抽象的概念。人们会在潜意识里扮演不同的身份，并且渴望成为自己最想成为的人，这个身份可以是父亲或者上司等具体的身份，也可以是成功者、梦想家等抽象的身份。当我们问出"我想成为谁"这个问题时，就激发了自己独特的渴望，开始了自己内在的探索，并与真我相联结，发现更多的真相。它一方面可以让我们确信我们就是对的，而不必在意周边的看客；另一方面也让我们明确如果我们想成为那样的人，就要付出足够的努力。

4. 我会影响到谁？

人要先找到自我，然后再跳出自我，从一个新视角去审视自己所要实现的目标，只有这样，我们才会真正的关注到他人，站在他人的角度考虑他们的感受与下一步动作。这是一种系统思维，能让我们做出更为理性也更为有效的选择，而不是一做事就有人捣乱。然而，普通人往往过于主观，同理心和换位思考是一件非常困难的事。只有先问问"我会影响到谁"，我们才能通盘考虑问题，而不至于众叛亲离。

5. 我如何去到我想去的地方？

人人都有自己的目的地，只是对路线太模糊。如，当被问及"你想要什么"时，人们的回答通常是做一个企业家、有一个幸福的家、想要个大点儿的房子等。但这些答案太含糊，只有当你问出"我如何去到我想去的地方"时，你才会思考如何从自己目前所处的地方前往你的梦想之地，它能帮助你比较容易地把一个模糊的想法转变为实实在在的行动规划。

6. 十年以后我会如何看待这件事情的成功？

首先，这个提问里有一个假想的成功，它暗示我们在当下取得成功或解决问题并不难，难的是是否有长期效应。但如果不这么自问的话，人们通常还是会选择短视与眼前利益，人性决定了我们通常很难在较短的时间维度里看自己所遇到的问题。经常问问自己："十年以后我会如何看待这件事情的成功"，可以帮助你从当下跳出来，从更新的、更大的时间跨度与意识维度来评估现实与未来，从而进行最有效的选择与相关学习。

7. 是什么在阻碍我得到我想要的？

任何一件事情，都既有阻力又有助力，成功地关键就是减少阻力，加大助力，而不是傻乎乎地硬碰硬。相应的阻力可能是某一个人，也可能是一个不合适的时机，或者缺乏自信心或某种技能等。相应的助力，除了具体的人，通常来说就是有针对性的学习。

8. 我拥有哪些资源?

每个人都有资源,区别是多与少。当我们开始审视自己拥有哪些资源时,我们其实是在为解决问题做着具体的事情。我们可能直接找到解决问题的资源,也可能创造出解决问题的资源来,因为很多时候,解决问题需要智力资源。除了求助高人,还有自我学习这个老办法。当一个人面对具体的情况问出这个问题时,比如创业,一定是越具体越好,这是一个头脑风暴的过程,也是一个看清自己的过程,同时,事实证明,资源的数量比质量更重要。

另外,问完这个问题,还可以延伸出更多的提问,如"谁可以帮助我""我如何才能让他帮助我""他不帮助我我去找谁替代"等。这些问题有助于我们想出大量的解决方案,并不断完善计划。

9. 我如何迈出第一步?

教练的结果不仅仅是让人产生新的认知,还包括付诸行动,只有行动能让认知变现,只有行动能让你把自己带出来。如果缺乏行动,什么都不会改变,也什么都不会发生。迈出第一步最为困难,因为这时候基本上什么条件都不具备,也毫无经验可言,必须有极大的勇气才行。但是,如果你能够仔细梳理好自己的资源,并且能够站在更高维度、更长跨度上去思考问题,就没什么好恐惧的。

3. 从他人的错误中学习

古人云："人谁无过，过而能改，善莫大焉。"意思是说，人在人间，世事复杂，谁都难免犯错，知错能改，就没有比这更好的了。请注意"善莫大焉"这四个字，它的意思是"好到了极致"。为什么这么说呢？不就是认个错、改个过嘛，至于吗？没有生活经验的人可能会这样想。其实柏杨先生说的好，很多人都丧失了认错的能力，因为不喜欢认错，人们喜欢用新的错误去掩盖自己的错误，一错再错，难以回头。

有些人的错误，是品质问题。有些人的错误，只能叫失误，是无心之过，无关人品。还有一些人，如科学工作者，由于工作需要，犯错不仅是必然的，还是必需的。

以鲍林为例，这个两次获得诺贝尔奖的全才，这个和爱因斯坦、居里夫人等伟人一起列入最伟大的20位科学家之一的奇才，不仅也有失误，而且失误很多。比如，在对 DNA 结构进行猜测的时候，他提出了三螺旋结构，这是他最大的失误。

再以达尔文为例，这位进化论的主要建立者，在遗传学方面也犯过重大的错误。和当时其他许多生物学家一样，达尔文认为：如果将一只黑猫放进一百万只白猫中，交配出来的下一代是不可能有黑猫的。现在我们都知道，孟德尔的遗传理论已经完美解释了遗传的法则：即使黑猫的比例是百万分之一，也有很大的概率会繁育出第二代黑猫。

提出热力学第二定律的开尔文，也犯过很多错误，其中在我们当代人看起来最荒谬的，就是他认为任何比空气重的飞行器都不可能飞到空中去。

可是很显然，这些所谓的"错误"，其实本质都是"探索"。没有这一个个错误与失误，就没有一个个突出的成就与跃升。人们总是说，科学前进一小步，人类前进一大步。可是细想一下，在成功迈出这一小步之前，哪位科学家不曾走过错路，不曾走过回头路？只不过光环与花朵都只属于成功之后的科学家，没有人愿意关注那些还在探索中的寂寂无名的人。可是，恰如牛顿所说：哪一个伟大的科学家，不是站在前人的肩膀上呢？而前人，既包括那些戴着桂冠的人，也包括那些默默耕耘者。

人们总是说，莫以成败论英雄。人们又总是说一套做一套，在现实生活中，处处以成败论英雄。这个是普遍的人性使然，也是思维与格局卡顿的表现。没有人喜欢犯错误，但是也没有任何人能完全避免犯错。重要的是要学会从错误中吸取教训，不管是别人，还是自己的失误，它们都有可能推动你进步，甚至成为你人生中最大的财富。

早在2000多年前，孔子就说过，"见贤思齐焉，见不贤而内省也"，对于一个善于学习的人来说，既要善于学习别人好的方面，也要善于从别人不好的方面吸取教训，"择其善者而从之，其不善者而改之。"不然，我们就没法全面理解什么叫作"三人行，必有我师"。

巴菲特的人生导师、合作伙伴查理·芒格，也是一个善于从他人错误中学习的人。他总结出了100个核心思维模型，其中有一个反向思考模型，也就是在思考问题的时候，先想想如何将一件事情以最迅速的方式干坏。比如一个企业明明需要杰出领导者，本来是领导力稀缺，但这时候不妨试想继续给它资本，看能不能解决问题。然后分析结果，而不是想当然，最差的领导力加上强大的资本，得到的结果是最糟糕的，在市场中可能会犯下更大错误。

史玉柱也说过，现代的年轻人，大多只看到有些人，比如我（史玉柱）的风光时刻，却无视我也曾经是个失败者，而且是中国最伟大的失败者。失败不要紧，要紧的是在实践中，遇事认真思考，杜绝经验主义和盲从态度，否则不是视机会为无物，就是容易干出错事或蠢事。

4. 老鼠赛道与快车道

什么叫老鼠赛道？

当我们慢慢长大，步出校园，走上社会，打开了对生活的各种需求，结交朋友，努力赚钱，恋爱约会，结婚生子，买车买房……生活看上去棒极了，但故事其实很老套，无非是老猫房中睡，一辈传一辈，夫妻俩拼命工作，将来培养一个拼命工作的孩子，添置一些东西，增加一些东西，再消耗一些东西，失去一些东西。——这就是陷入老鼠赛道了！

老鼠赛道是罗伯特·清崎在他的畅销书《穷爸爸，富爸爸》中提出的理念，顾名思义，就是把一只老鼠关在车轮型的小笼子里，它只能径向运动，由于它前面悬挂着一块奶酪，老鼠会一直跑个不停，但累死也得不到奶酪。由于《穷爸爸，富爸爸》是一本讲述财商的书，所以奶酪暗喻财富自由，而跑个不停却始终得不到奶酪的老鼠，恰是芸芸众生的写照。

学习也是这样。只有走出老鼠赛道的陷阱，才能进入快车道。或者退一步说，即使我们不能进入快车道，但跳出老鼠赛道，起码能走上一条稳步向前的路。

罗伯特·清崎认为：想实现财富自由，做普通雇员是没有出路的，必须学会相应的财务知识与高超的投资技巧。很多人自己从小努力学习，长大努力工作，然后教育孩子从小好好学习，将来找个安稳的工作，而对于钱，他们什么也没学到，只是学了点儿职业知识，只能一代代重复着同样或类似的工作。

我们这里不讲金融投资，只讲人生维度上的投资。比如读书，"书中自有颜如玉，书中自有黄金屋"，没事读读书，即可以提高自己的学识，又能提升内在素养，也不花多少钱，何乐而不为呢？可是依然有那么多人不喜欢读书。可能是因为忙，也可能是因为累，什么样的理由都有，就是不喜欢读书。同时也有不少人，非常努力的读书和学习，还参加各种各样的培训，可效果总是不好，令旁人费解，他们自己也意冷心灰。其实，前者是陷入了不学习的老鼠赛道，后者则是陷入了学习上的老鼠赛道，都陷得很深，都进入了一眼望不到边的死胡同，不仅看不到光芒，连空气也变得沉重起来，让人无法呼吸。陷入老鼠赛道的人，有太多的生命不可承受之重：车贷、房贷、信用卡；疾病、失业、额外支出……

很多人总是感叹：我怎么就没有高人指点？为什么我的生活如此不堪？

其实高人就在身边，能拯救你自己的只有你自己。你只是不知道方法而已。

高人在哪里？高人就是一本本的书嘛。只是，现在"高人"的团队中混进了很多"庸人"，乃至"坏人"，影响你的时间，浪费你的财力，还在悄然中把你引入歧途。

抛开那些存心不良，为了利益乱写一气的作者不谈，现在全世界每年都出版数百万种书籍，各种专业知识也随着时代进步日新月异地更新迭代，它们都是有价值的，对你也有价值，但未必能迅速奏效。如果你花费了大量时间，却始终觉得自己有些力不从心，那么通常来说就是陷入了低水平勤奋陷阱，也就是老鼠赛道。就像那只可怜的老鼠，你也在前进，但迟迟无法飞奔；你也在用功，但都是些无用功。

古人说：百无一用是书生。其实不是书生百无一用，而是个别书生陷入了误区，不能学以致用。我们这里要讨论的，还不仅仅是能否学以致用的问题。很多人都在应用着自己的一技之长，干着一份工作或一项事业，对自己、对家庭、对社会来说，都是有用的。可是谁又能否认，自己确实是在自己的老鼠赛道上没日没夜地奔忙呢？

在老鼠赛道上奔跑的我们，也学到了很多知识，解决了很多问题，但本质问题并没有得到根本性解决。很多看似全新的问题，不过是旧问题换了个新形式。

我们似乎跑得越来越快，学得越来越多，但越是这样，我们就越是要学更多东西，仿佛一天不学习，我们就会被淘汰。很显然，我们没有掌握那些最根本性的知识，所以我们无法撬动人生，还屡屡被人生推来挤去，无法自主。

怎样才能从老鼠赛道中跳出来呢？很简单，先从你的认知中跳出来。

你的人困在老鼠赛道中，主要是你的头脑困在老鼠赛道。

认知不提升，生活就处处是瓶颈。认知一打通，再加上相应的学习，很多困境会迎刃而解，不再成为问题。这也就是俗话说的"一法通，万法通"。

即使在今天，很多人对于究竟如何看待传统文化这个问题，也还存在着明显的认知障碍。很多企业也是这样，它们靠着时代的契机赢得了第一桶金，忽略认知的重要性，尤其讨厌独立认知。很多老板的认知都停留在工业时代早期，脑袋里只有资本、订单和机器，认为只要有订单就能赚钱，有钱就能买机器，有机器就能把原料加工成产品。至于人，不必考虑，人不过是听得懂话的机器，到处都是。

工业时代早期大部分企业家的思维方式都是这样，他们只想要雇员的一双手，不想要员工的大脑，因为大脑是用来偷懒的，嘴巴是用来讨人嫌的，带着两只手来，能干活就行了。这，不就是老鼠赛道的起源吗？

很显然，在这个日新月异的时代，这样的模式越来越难以为继。同样，不管你的老板是怎么想的，你都应该好好思考一下自己的努力方式了。

5. 上手就用的三大学习技巧

有没有一些上手就能用，学会就能马上改善学习状况的技巧呢？

有。它们是搜索技巧、阅读技巧和笔记技巧。我们一一道来。

先说搜索技巧。

傅斯年先生曾经说过，"上穷碧落下黄泉，动手动脚找东西"，有人认为，这主要是讲考古学，跟文学及其他学问关系不大。其实不然，任何学习，都离不开对资料的搜集，然后才谈得上具体运用与把握。正所谓，"巧妇难为无米之炊"。特别是我们写文章的人，肚里有货，不愁倒不出来，最怕的是肚里没货，还不知道到哪儿去找。过去，我们都是到图书馆去找，但一来路远费钱耗功夫，二来未必能找到。现在是互联网时代，今时不同往日，学会利用这一资源，实在是当务之急。

你有没有遇到过这样的情况：由于不太会搜索，想在网上找个资料，总也找不到。于是求助朋友，朋友没用多长时间，直接把相关链接发了过来，点开一看，正是自己想要的东西。可是在此之前，自己明明也查了半天却找不到，这究竟是怎么回事？

其实很简单，他掌握了必备的搜索技巧，比如最为重要的关键词搜索。

很多人一厢情愿地认为，搜索相关内容时，描述越具体越好，句子越长越好，其实这是不了解搜索引擎的工作原理。搜索引擎的工作要点是匹配，也就是和相关的关键词匹配。在你搜索之前，搜索引擎的爬虫程序日夜不停，已经采集了无数的相关内容，并把相关内容存储到自己的服务器上，还进行了加工，建立了相应的索引。只要你在搜索栏中输入相关的关键词，搜索引擎马上就会去自己的索引库里查找、匹配，呈现给你，而不是等你搜索的时候再去采集，那样就太慢了。

我们的大脑其实就是一台更高级的电脑，能存储，也能检索，不过生活中的电脑在存储能力上更加强大，也更容易，并且没有上限，只要你有足够的硬盘，或者直接开动云盘，在需要时检索与调取就行。

除此之外，还有不少细化的搜索技巧，比如在多个关键词的时候，只要将词与词之间用空格隔开，百度就会默认检索包含所有关键词的网页。通常情况下，类似"的"这类经常出现的非关键字词以及标点符号，也会被自动忽略掉。再比如，有些搜索到的网页打不开时，可以试着点击快照。又比如，在搜索文学与影视作品时加上书名号（《》），系统会优先显示含有相关关键词的文学作品与影视作品。掌握这些常用的搜索技巧，可以让自己如虎添翼，资料、文档、图片、信息、视频、地图、论文、商业数据，统统不在话下。

再来讲阅读技巧。

当下，人们最容易犯的阅读错误就是没能与时俱进，还停留在信息化之前的纯纸质阅读时代，未能高效利用电脑与手机等新的学习工具与技术，阅读效率低下。

除此之外，就是容易掉在阅读之中，掉在各种消磨时间的低层次网络作品中，为阅读而阅读，而不是高效阅读，学以致用。

还有一些人，抱着提升自己的目的，买了一大堆经典，但阅读没有章法，不过是另一种形式的浪费时间。

对此，我们有三点建议：一是能在网上阅读的，尽量在网上阅读，尤其是当你的书架已经很满的时候。二是围绕自己的目的选书，同时带着搜索关键词的意识去阅读。这就好比查字典，如果你带着要弄明白"饕餮"这两个字究竟怎么读的目的去查，很快就能找到答案。而如果你只是盲目地翻阅字典，你或许也会碰巧翻到"饕餮"这个词，也能把它弄懂，但根本谈不上效率。

最后，我们说说积累技巧。

过去，人们主要通过记笔记的方式来积累知识。其实，记笔记还有帮助记忆、帮助理解等作用，记笔记的形式也多种多样，不仅仅是记文字与公式那么简单。比如，只是给你一堆文字，反复地描述"坐标"这个概念，讲多少遍，都不如给你一支笔，在纸上画一画有效。

现在，我们依然有必要记笔记，但通常来说，都应该由过去的纸质笔记升级为电子笔记了。这不仅仅是因为方便，还因为快捷。如果不考虑练笔的话，很多时候，所谓笔记就是在屏幕上点个"收藏"而已。在过去，如果你想打造一个自己的知识库，不仅需要很大的财力，还要有耐心和意志力：要买大量的书籍，要剪报，要归档。可是现在，只要有一台智能手机，任何人都可以轻易打造出一个庞大的个人知识库，在需要的时候，随时调取。更妙的是，以微信收藏为例，它不仅使用方便，而且是微信自带的功能，连 APP 都不必下载。

6. 带着目的学习才能学以致用

有句话说得非常经典："做事目标感一定要强，但做人目的性不能太强。"

"做人目的性太强"，这是对一个人人品的否定。有人说，这样的人可以共事，但不能谈人生。其实仅仅是共事，也要对这种人多加小心。如非必要，尽量不要与之合作。因为近朱者赤，近墨者墨，你会在潜移默化中受他的影响，等你警觉时，恐怕已经成为了自己讨厌的那种人。

反过来说，如果一个人做人与做事都漫无目的，也不是好的交往对象与合作伙伴。

学习尤其如此，很多人今天学这，明天学那，可是没有任何杀手锏，尤其是没法应用到自己的工作与生活中，百无一用，沦为笑柄。

《庄子》中讲道，有一个叫朱泙漫的人，向支离益学习屠龙之术，历时三年，耗尽了千金的家产，学成了技术，却没有机会施展，因为大家都知道，龙这种动物，根本就不存在。先抛开他究竟是怎么学会的这门技术不谈，这样的本领，学会了又有什么用呢？

当然你可以说，英雄无用武之地不是英雄的错，无龙可屠，可以去屠猪屠牛，牛刀杀鸡，不是更容易吗？其实未必，术业有专攻，只能说两门手艺有相通的地方，但杀鸡的转行杀牛固然需要学习，杀牛的改行杀鸡也需要进修。

我们再来看一个小故事：

从前，有一位饱学之士搭船过江。在船上，他和船夫闲谈："你懂文学么？"

船夫回答："不懂。"

"那么历史学、动物学、植物学呢？"

船夫仍然摇摇头。

饱学之士嘲讽地说："你什么都不懂，真像饭桶。"说完，自顾自地笑起来。

没笑几声，忽然天色巨变，江面上风浪大作，船即将倾覆，他吓得面如土色。

这时，船夫问他："你会游泳么？"

饱学之士回答说："不会，我什么都懂，就是不懂游泳。"

刚说完，船就翻了，船夫抓住饱学之士，把他救上岸，笑着对他说："你懂的我都不懂，所以你说我是饭桶。可按刚才的情形看，要不是我这个饭桶，你恐怕早变成水桶了。"

这个故事通常被用来讽刺那些自诩为全才，逢人就卖弄，结果出尽洋相的人。其实它同时也揭示了我们的主题——学习要有明确的目的。因为学习的范畴太大了，甚至于怎么优雅地吃饭都需要刻意学习。然而对于大多数人来说，主要问题还是解决好优雅的吃饭的先决条件，也就是有的吃。

生存是永恒的主题。如果不是生存所需，谁愿意把自己禁锢在办公室里？如果不是环境所迫，谁愿意逼着自己去学这学那？学习是需要成本的，也是需要产出的，带着目的去学习，才能尽快学以致用，或者边学边用，让学习与工作生活无缝衔接，完成学习的闭环。

有些大 boss，文化程度并不高，甚至没上过几天学，但企业照样做得很好，为什么？因为他们虽然书本知识掌握的少，可是他们能够在工作中快速学习，工作需要什么就学习什么，学了以后就直接应用到工作中，事业越做越好，尝到了学习给工作带来的甜头后，更有动力去学，学习与工作相互促进，进入了良性循环。

有目的性地学习并不是什么捷径，但相对于没有目的的学习来说，它能最大程度上避免我们浪费宝贵时间。当你顺着这种思路去思考问题时，也就不难想出一些有针对性的方法。

詹姆斯·卡特的做法就很值得学习。

他是美国著名运动员，是奥运会十项全能金牌获得者。为实现自己的目标，他用各种运动器械装修了自己的屋子，以便每天提醒自己去实现目标。他将十个项目的器械放在自己不训练时也不得不看到的地方，如跨高栏是他最差的一项，他就将一个栏放在起居室的正中央，每天必跨30次。他的制门器是个铅球，杠铃就放在室外廊檐下，撑杆跳用的杆子和标枪在沙发后竖立着，壁橱里放着他的运动制服、棉织套服和跑鞋……

采取什么方法并不重要，重要的是改变思维，然后立即行动。我们也可以把相应的目标和实施计划写在便笺上、记事本上，甚至贴在电脑屏幕上……总之，要不断提醒自己，一切要以目的为导向，才可以更加高效，才不会陷入形式的陷阱，才可以把时间更多地花在践行上。

当然，不仅学习需要带着目的性，我们平时做事情时，也需要知道并谨记自己的目的。这样可以提高效率，抵抗诱惑，排除顾虑。从今天起，带着目的去学习，去生活，去解决生活中的问题，一步步实现理想生活。

7. 要试错，不要无谓的试错

王健林曾经说过一句话，"清华北大，不如胆大"，客观来说，这话不无道理，但也是一种典型的盲动主义思考方式，尽管他本人未必是盲动主义者。

所谓盲动，就是盲目行动。它并非一无是处，因为盲动至少是一种主动。我们常用"没头苍蝇"来形容那些乱闯乱碰的人，其实有头的苍蝇也是盲头主义者，也乱碰乱撞。科学家做过一个实验，分别把蜜蜂和苍蝇放在两个广口瓶里，两个瓶子一模一样，结果显示，蜜蜂在里面的死亡率是苍蝇的 2.3 倍。其实这两种昆虫都不具备对更大的体系的认知能力，对于困住它们的广口瓶都一无所知，不知道出口在哪里。但是苍蝇被装进瓶子后会乱动，频率非常快，它会疯狂地找出口，碰出口，侥幸被它碰到，就能逃出生天。但是蜜蜂的行动是很规律的，包括去哪里采蜜，碰到同伴跳八字舞等，所以它进入广口瓶后不盲动，按照自己的习惯试几次后，便趴在瓶壁上，再也不动，最后就死在了里面。

越是魄力大，越是盲动，往往败得越惨。因为时代变了，盲动主义者的思考方式也必须改变，不能为试错付出太多代价。

学习也是这样，尽管人们总说开卷有益，学习什么时候都不晚，学习就比不学强等，但在具体面对抉择时，还是有一定的风险性，因为一切都在快速迭代，知识也不例外，谁也不能保证自己选择的就一定是对的。一旦选错，失去的不仅仅是金钱和精力，还有再也无法挽回的时间成本。

然而，试错又是个必须的过程。小孩子学走路，难免摔几个跟头，摔几次就走得稳当了。有的家长会一直给孩子用学步车，殊不知过度依赖学步车的孩子，学走路时固然不会摔倒，可是长大后走路姿势和腿型都会有问题。再比如学自行车，真的就像一些长辈说的，摔几个跟头你就会骑了。很多时候，试错式学习是人类进步的基本模式，因为任何新的行动都避免不了犯错误，原地不动才是最大的错误。

美国心理学家桑代克曾经做过一个著名的实验：他用木条钉成一个箱子，在箱子里关上一只饿猫，里面设置了一个能触发箱门打开的脚踏板。当门开启后，猫即可逃出箱子，并能得到箱子外的奖赏。开始，饿猫进入箱子里后，只是无目的地乱咬乱撞，想出去吃鱼。后来很偶然地碰到了脚踏板，饿猫得以逃出箱子，得到了食物。然后桑代克再次把饿猫关到箱子里，并多次重复。最后，猫一进入箱子，就能马上打开箱门，一只会开门的猫就这样诞生了！

桑代克认为，猫不是通过逻辑推理，也不是通过观察别人，更不是自己顿悟，学会逃出箱子的。它能顺利逃脱，原因只有一个，那就是不断地尝试，并在不断的失败中消除无用行为，记住有助于逃脱的行为，最后成功地学会逃脱。桑代克说：它们已经在有用的行为和目标之间建立了联系。这就是桑代克的学习理论，简单来说就是试错学习。

当然，这只是试错式学习的一种模式。通过不断尝试错误，再尝试改进，然后再犯错，再改进，不断迭代，逐渐减少错误率，增加成功率，这是建立在相应的项目与领域可以通过试错改进、求得不错的结果这个大前提之上。如果这个前提不成立，也就是试出这个领域根本不适合自己，或者说不适合这个时代，那么试错式学习也可以让我们及早放弃，而不是长久地纠结。

一个人也好，一个企业也好，不敢失败，不敢试错，就没有资格谈成长与创新。前方的路谁也说不好，试错相当于在迷雾中探索方向。我们要允许自己走弯路，允许自己犯错误，让自己不断去尝试，不然迷雾不会自己散开。

试错式学习的要点在于，划定范围和边界，控制投入与风险。打一个不太恰当的比方，如果学习新知识、进入新领域如同洗碗，那我们不能在一开始就担心碗会被打碎，要大胆地去练，碎几个碗也没什么大不了，只要我们不拿传家宝级别的玉碗来练洗碗就好。

如果我们是领导或家长，也要鼓励孩子或员工大胆试错，只要做好相应的控制即可。如何具体地控制呢？孙策为我们做好了榜样。他的弟弟孙权刚刚 15 岁，就被安在为阳羡县做县长。很多老百姓都不看好，毕竟还是个少年嘛！但江东都是人家孙家打下来的，别人看不看好不重要，重要的是孙策想给弟弟一个机会，锻炼他的领导能力。与此同时，孙策派了几个人去辅助孙权，边辅佐，边监督。有好几次，孙权找到专门管财政的吕范，让他解决一些私人开支，吕范每次必向孙策汇报，孙策马上前去敲打孙权，慢慢地，孙权就变得成熟老练了，所以才能在孙策去世后，顺理成章地接班。

8. 学习也适用"小确幸"

"小确幸"一词，源自村上春树的随笔集《兰格汉斯岛的午后》，这是一本散文集，其中有一篇散文名字就叫《小确幸》，说白了，就是指生活中微小但确切的幸福。

哪些是"小确幸"呢？很多事物都可以，只要你用心去体会就行。

摸摸口袋，里面居然有钱；电话响了，居然是刚刚想过的人打来的；打算买东西，恰好赶上了降价；笨手笨脚，但完美地磕开了一个鸡蛋……小确幸就是这样一些东西。从心理学上讲，它是一种当我们进入一个专心致志、活在当下、浑然忘我的状态才会感受到的，最真切和细微的幸福与满足。生活不易，谁都在负重前行，所以"小确幸"一词备受欢迎，迅速流行开来，成为热词。

学习也不易，天才总是那么少，天赋总在别人家，学霸为什么那么强？很多东西告诉我们，我们也未必学得来。但是，如果我们有了小确幸思维，并把它应用到学习过程中，我们一定可以轻装上阵，从知识海洋中打捞起更多稍纵即逝的美好。如果你愿意认同，这其实也应该是这个知识焦虑时代的正确打开方式。

现在，到处都在谈速成，在学习上，我多年的经验告诉我，该走的路必须要走，该看的书必须要看，而且要一丝不苟。不要总是幻想毕其功于一役，一夜之间在地上建起天堂，那是违背自然规律的，从一开始就乱了初心。

有人认为，"小确幸"一词，透露着浓浓的小家子气，很别扭，显得很不思进取。其实看看村上春树的原文，"它们是生活中小小的幸运与快乐，是流淌在生活的每个瞬间且稍纵即逝的美好，是内心的宽容与满足，是对人生的感恩和珍惜。当我们逐一将这些'小确幸'拾起的时候，也就找到了最简单的快乐！"就知道作者原本只是想说，人应该快乐地生活，但硬是被人篡改成了不思进取。学习也是这样，那些把自己的学习或者孩子的学习搞得惨烈无比的人，其实都没有从本质上搞懂学习。

我们为什么不愿意学习？因为我们的大脑不愿意学习，学习会消耗能量，而且不一定有收获。不过，一旦有收获，大脑也会马上分泌能使人愉悦和满足的神经传导物质——多巴胺，作为奖赏。小确幸，恰恰暗合了大脑的机制，从生物学的角度去调整我们的学习，让学习的乐趣变得实实在在，而不是空谈。

胡适也早就说过，"进一寸有一寸的欢喜"，如果我们看看全文的话，"怕什么真理无穷，进一寸有一寸的欢喜。即使开了一辆老掉牙的破车，只要在前行就好，偶尔吹点小风，这就是幸福"，其核心思想与村上春树的小确幸如出一辙，惊人的相似。

以往，我们读到这句话，重心都是放在"进一寸"上，而忽略了"欢喜"。其实欢喜不容忽略，任何忽略体验与感受的学习方式都是斯巴达式的残忍，而斯巴达这个民族早就灭亡了，不是吗？

言归正传，要想在枯燥的学习中感受到快乐，我们不妨在学习过程中多给自己找一些满足感，刺激多巴胺的分泌，进行下一步愉快的学习，找到更多的成就感，收获更多的收获，再带着自信，一路"打怪升级"，挑战更高维度的知识。

很多人喜欢玩游戏，但从来不曾想过，我们之所以一打开游戏界面就停不下来，闯完一关还想再闯一关，有时甚至会忘记时间的流逝，有一个很重要的原因，那就是游戏设计人员在游戏里设置了很多小奖励，这些不断取得的小奖励能够让我们收获即时快乐，不断产生多巴胺，以至于让我们沉迷在游戏的世界中，不能自拔。那我们为什么不能在学习的时候也参考一下游戏机制呢？如果能收获确切的知识，也收获稳稳的快乐，你的学习之旅肯定比别人走得更远、学到得更多。

对非专业人士来说，小确幸式的学习基本上就是微学习。所谓微学习，就是碎片化学习，提倡随时随地学习，想学就学，学到一点儿就是一点儿。它培养的是自主学习的精神，比如每天学一句英语口语、学一首古诗词等，不受时空的限制，也不受内容的限制。假以时日，微学习的结果不仅不微，往往还很惊人。